U0140059

suncolor

只是開玩笑，竟然變被告？ **4**

為什麼是我的錯？

少年調查保護官 **吉靜如** /著

茜 Cian/ 圖

suncolor
三采文化

學習法律
保障自己保護他人

──邢小萍 臺北市古亭國小校長

　　忙碌的吉靜如調查官，人稱吉官，目前擔任基隆地方法院主任調查保護官，相當於檢察官的角色，主要處理 18 歲以下的兒少案件。吉官同時身兼國高中和小學的少年法律常識講師、校外反毒宣導團講師、國中小教師輔導管教法律講師，經常到各校巡迴宣講。

　　認識吉官後，每學期總是想盡辦法邀請吉官到學校演講。吉官的演講精彩、表達生動，記得有一次因應疫情，演講辦在操場，連路過的民眾都趴在圍牆邊一起聆聽呢！學生回教室後會繼續討論，回家也會跟家長分享演講內容。感謝吉官將這些內容出版成書，讓沒有機會聆聽演講的大人小孩也能學習。

　　本書包括四大面向：網路社群、毒品與暴力、無心之過和兩性議題，正是 12～18 歲青少年生活與學習的重心，

尤其時代變化速度飛快，網路世界、社群媒體、人際關係等的變化複雜，甚至是新型態的數位性暴力、數位犯罪，青少年亟需建構校外法治危機意識和網路界限。

　　書中吉官不僅用生動和白話的文字，讓孩子身歷其境；同時也為老師撰寫管教小提醒並提供家長教養小叮嚀，是一本實用純度很高的書籍。更列舉相關法條，強化世代青少年讀者的公民法治素養，警惕效果十足。

　　書中每一篇都是現今孩子們生活中的真實情境，家長、老師和孩子們都需要好好閱讀，以便保障自己、保護他人。

一劑法治預防針
拉起防線，攔截更多傷害

——林怡辰 閱讀教育推手、資深國小教師

　　在多元社會的今日，家長意識抬頭、網路媒體發達，重視孩子自由，但有時孩子失控，常常造成他人困擾或傷害卻不自知，這時，「法治」就是最後重要防線。

　　吉官的書籍和課程，總是我推薦的第一首選。前幾屆的高年級學生，常常只想要自由卻忘記界限，但是當孩子們讀完吉官的書之後，由於書中案例貼近自身、故事後果令人咋舌，加上案例後的討論，讓孩子好奇、注意、省思、知法，便可以在生活中做出合宜的判斷。

　　好幾次，孩子依循本性和直覺，差點犯錯時，悠悠的一句：「還記得吉官怎麼說的嗎？」就像一句咒語，喚醒覺知，孩子馬上懸崖勒馬，比長篇大論還好用。我也在分享案例的時候，看見許多孩子恍然大悟、震驚有所思的表

情。其實，現在的孩子依舊單純，多數是因為無知而犯下大錯，令人感嘆！

　　我兼任校內性平委員時，也接觸許多孩子，在情感、課業、情緒和團體適應上的種種狀況，嫉妒、眼紅、怨懟、委屈、恐懼、焦慮及歉疚……加上其他同學和家長的複雜人際關係、網路的發散擴大，事情經常越發不可收拾。

　　吉官的《只是開玩笑，竟然變成被告》系列就是一劑最好的預防針，生動案例、法律盲點、生活現實、虛擬網路、正確引導、危機處理、解釋法條。只要孩子有能力，就可以拉起防線，攔截更多傷害，除了學生必讀，更是教師、家長必備教養指引！

要保護自己
得先了解禁忌的紅線在哪裡

——胡語姍 臺北市家長協會理事長

　　無論課業、友誼或家庭，青少年總是會面對各式各樣的挑戰與難題，面對這些困難和壓力，有些孩子會選擇符合大人期待的方式，健康安全的生活；有的孩子卻成長得很辛苦，或許是因為個人特質或外在因素，他們很難拒絕外界的誘惑或干擾，甚至遭受同儕的排擠或是霸凌。

　　隨著網路世代的蓬勃發展，大環境充斥著各種光怪陸離的訊息，在似是而非的文字或影片推波助瀾的情況下，不要說是青少年，甚至連成年人都極難分辨真假。

　　到底什麼情況才屬於個人自由呢？哪些行為會構成違法？社會案件層出不窮，一個不注意，就有可能成為其中主角。要保護自己，就得先了解禁忌的紅線在哪裡！

很開心吉官再度出書，分享青少年的觸法黑洞，幫助大家理解數位時代的教養難題。青少年遭遇的關卡百百種，「不知者無罪」不能當作免死金牌！

　　請把吉官在書中的叮嚀好好放在心上，幫助青少年趨吉避凶，讓孩子懂得觸法後果，並做好自我管理，協助孩子順利度過青春期風暴。

找尋問題根源
協助青少年識別誤區

　　非常感謝許多學務處主任、級任導師，用吉官的書來協助邊緣、脫序的孩子，讓他們閱讀特定篇章，增進法律的認知。這些學生閱讀書中的故事後，可以培養自律的能力，對自己的行為也能有更多的自主控制意識。

　　2023 年，新北市發生國中生在校園遭割頸的事件，今年近期又出現未成年無照駕駛的重大車禍，讓無辜者承受無法預料的重大傷害。這些加害者都是青少年，讓家長擔憂，也增加了學校老師的教導壓力。

　　事實上，問題的關鍵並非青少年「壞」或「教不動」，而是需要找到合適的方法。由於青春期特質，例如衝動控制力不足、未接受適當治療、盲目支持朋友或忽視後果等，這些因素都常使他們犯下大錯，直到經過法院審理和

冷靜反思後，他們往往才會意識到自己造成的傷害，深感後悔。

　　但這份後悔，不見得能避免這類憾事再次發生。問題是，青少年階段僅有短短的六年（12～18歲），這段關鍵時期的錯誤，很可能會影響他們的未來或他人的一生。

　　這是吉官的第四本書，吉官希望藉由這第四本書中最新、最真實的案例，幫助教育現場的老師們、關心孩子的家長，以及需要引導的青少年們。讓我們一起找到問題的根源，協助青少年不再重蹈覆徹，也預防其他有類似想法的人仿效。大家都明白，只有優秀的新一代，國家才會有強盛的未來。

　　讓我們一起努力！

| 目錄 |

01 是她自己講的，
我說出來不算造謠吧？

品妍和雨菲是高年級同班後最好的閨蜜，兩人無話不談，甚至連最私密的事都能分享。

　　因為兩人都是獨生女，沒有手足，所以他們都非常看重彼此。同喝一杯水、一起進廁所、餅乾一人一半、在社群裡相互按讚。也因為如此，其他同學常會說：「你們是雙胞胎哦！」、「兩個人越長越像」、「連髮型都一樣」。這些話都讓兩人的友情更堅定，也覺得理所當然。

　　最近雨菲在網路上認識一位男生，互相聊天後，發現他們分屬南北兩個縣市，彼此距離遙遠。對方是高一學生，喜歡作詞作曲，而且還是運動高手、陽光男孩類型。

　　雨菲也分享自己的個資，年齡、照片、長相，還有學習鋼琴多年的成果。兩人有共同興趣，一拍即合，經常交流自己喜歡的音樂與創作曲目。

　　這些事情雨菲當然也都會跟品妍說。品妍知道後超羨慕雨菲，看著雨菲因為這位知心的男生顯露出幸福的模樣，品妍也期待自己未來能遇到契合的異性朋友。

你們視訊時在做什麼？

　　某天放學，雨菲約品妍到公園，雨菲看起來心事重重。

「他最近跟我提要求了。」雨菲鼓起勇氣說出口。

「什麼要求？」品妍很好奇。

「手機給你，你自己看。」雨菲把手機交給品妍。

品妍看著兩人的社群軟體對話，嚇出一身冷汗，原來雨菲有那麼多事情沒有告訴她。

超：菲菲，昨晚跟你視訊，我一邊看著你，一邊想著你沒穿衣服的樣子，相信裸體的你一定很美。

菲：謝謝你的讚美。

超：我希望你也能主動表達你的情感，不要害羞，難道你不愛我嗎？

菲：羞羞，其實我昨天有夢見和你一起躺在床上，然後你摸我，我們兩個人……好害羞。

看到這裡，品妍突然發現，原來雨菲還有這不為人知的一面，她的心思比品妍想得複雜得多！品妍以為這些是長大以後的事，自己想都沒想過。她繼續往下滑。

超：我有一些特殊影片，今晚我倆一起欣賞，如果我

們可以實際做一下，應該更能證明我們的愛。

　　菲：期待

－視訊 30 分鐘－

　　「你們視訊的內容是什麼？」品妍好奇提問。

　　「你真想知道？」雨菲再三確認。

　　品妍點頭。

　　「這是祕密，千萬不要跟其他人說。」雨菲從沒有用這種不信任的態度對品妍說話，品妍頓時有點不太開心。

　　「他播放了色情影片，然後玩弄自己下體，其實我看不見，也不太想看，但是隱約知道他的動作。當下我有點嚇到，但是他說這些都很正常，然後要我配合他。其實我當時不喜歡，所以就隨便應付他，後來就結束了。」雨菲說著自己不太舒服的經歷，要努力說服自己這是正常的。

　　「你不怕嗎？」品妍好奇地問。

　　「還好，重點是昨天他要求我這周六搭高鐵去他家，說要來真的！你說我該不該去？」雨菲看著品妍認真地問。

　　「要看你愛不愛他吧？」品妍直覺回答。

　　「跟你說個祕密，其實我很期待。」雨菲大膽說出自己

的真心話：「我想試試看交往的感覺！」雨菲再次強調。

「還是跟你爸媽商量一下吧？」品妍非常擔心。

「他們不會同意的！算了，再說吧！」雨菲沒有得到品妍的認同，頓時有點洩氣。

一句話打翻友誼的小船

接下來在學校的大型活動、校外教學、運動會和段考過程中，因為大家都忙著練習和考試，兩人也沒有再討論。後來因為老師的一句話，致使兩人有了心結。

「品妍，你和雨菲感情好，打扮也都一樣，成績也可以一樣嗎？你要跟她多學習課業，不要只是模仿外貌，結果腦子都沒有進步。好朋友應該要一起變好，不是只注重外表，學業成績也要精進！多向雨菲學習、請教。」老師看著品妍考得非常不好的數學考卷，有感而發。

全班同學哈哈大笑，看著品妍的糗樣，直呼：「笨蛋是天生的，不能模仿哦！」

其實當時品妍非常憤怒，她心想，「雨菲成績好，但是私生活卻不檢點，真實情況只有她知道，如果對外公布，大家就能看清她的真面目。」

更離譜的是，本來她以為自己跟雨菲是好友，老師講這種話，雨菲一定會安慰她，結果完全不是她想的那樣。

　　「這次數學其實很簡單，你真的都不會嗎？」雨菲不經意地說起考試的事。

　　「我只是太粗心啦！」品妍完全不想多講這次的考試。

　　「我就說嘛！這種題目，白癡都會，怎麼會錯呢？」雨菲自顧自地說著。

　　品妍鐵青著臉，她感覺很生氣！好友不相挺，反過來嘲笑，故意的嗎？

　　「拜託你下次考好一點，不要讓我被拖累，很莫名！」雨菲無心的玩笑話，更是徹底傷害了品妍。

　　品妍無法忍住眼眶的淚，只想趕緊離開。她對雨菲的厭惡度直線飆升。

　　「我有事先走，再見！」品妍頭也不回地走了。

　　「你幹麼生氣啊！」雨菲話還沒說完，品妍就離開了。

我才沒亂說，是她告訴我的！

　　雨菲感到莫名奇妙，但她不以為意，認為明天應該就沒事了。

沒想到，當天晚上，品妍居然在她的社群發布以下的訊息：

你不知道的優良學生～雨菲～真面目
放蕩、狂野、綠茶
她跟○○高中高一男生王○超，視訊愛愛！語言大膽！超越尺度！
表面好學生，私下放蕩女！想知道詳細情形，請私我！

同學看到這麼勁爆的內容，回覆速度之快，簡直是排山倒海而來！

▲：不會吧！
■：不要無中生有！
▼：果然是雙面人！
＃：還有更刺激的嗎？
※：我私你！
★：好學生只是成績好，私下也是一般人嘛！

雨菲驚嚇得無法反應，她完全不敢相信，品妍竟然會出賣她！面對學校同學的回應，她不知道如何是好，哭著將手機交給媽媽。

「媽媽，我被閨密出賣了，同學都在議論我，我不想活了。」雨菲滿臉淚水，非常委屈。

「造謠生事，無中生有！媽媽會告死她，讓她付出代價。」雨菲媽媽看了手機訊息後，非常憤怒。

第二天，雨菲媽媽親自到學校，向學務處投訴，並表示要向法院提告，因為雨菲名譽已經嚴重受損。生教組長看了雨菲手機，也是臉色一變。

「怎麼會這樣，小朋友玩得太超過了！奇怪……她們兩人不是好朋友嗎？」

「這樣的事不能原諒，請學校依規定處理，而且我要求品研公開道歉，否則我們就法院見。」雨菲媽媽聽了更是憤怒。

生教組長立即找品研到學務處，希望一切都是誤會，想立即處理，趕緊平息風波。

沒想到，品研到學務處後看見雨菲的媽媽後，義正辭嚴得讓人傻眼。

「雨菲媽媽，我說的都是真的，我不會說謊，雨菲她跟王Ｏ超談網戀，脫衣視訊，還做一些限制級的動作。我不是造謠，這些都是她告訴我的，我沒有說謊。」品妍大聲說著，彷彿她親眼目睹一切。

「這種事就算是實話也不能公開說，這是涉及他人隱私的事。」生教組長警告品研。

「她有做過的就要承受，我實話實說沒有造假，你們問她，是不是真的有做這些事。」品研更大聲地主張自己的想法。

「誰說人家告訴你的事可以隨便公布？你這樣已經觸法了！」生教組長搖頭對著品研。

「難道這樣不行嗎？我又沒說謊！」品研真的認為自己沒有錯，她開始感到困惑。

友誼不代表什麼都要告訴對方

朋友相處，因為親疏關係遠近，會有不同與互動。有些朋友只是聊些共同的興趣，有些則會分享個人的祕密，這些情況會因交往的深淺，發展出不同的互動模式，特別是感情好的青少年，甚至會跟好友傾訴私下不敢與家人討論的事或自己遭遇的困惑。

• 朋友間應維持適當的界限

這樣的分享基於信任，相信對方會保密，認為對方可以為你分擔解憂。但是朋友間也可能因為某些事情鬧翻，兩人越親密，殺傷力就越大。我們經常會說「相愛相殺」，其實就是指，愛得最深、付出最多的，一旦撕破臉，殺傷力也最強，因為他最清楚你的弱點，如果他想傷害你，利用你的弱點攻擊你，那傷害可能會很大，因為翻臉後，雙方都有負面情緒。很多與好友撕破臉然後覺得被出賣的人，最後都會說「我再也不相信任何人了！」，就是因為你們太親近了，跟你不熟的人根本無

法說出傷害你的話、做出打擊你的事。

　　吉官想告訴你，交朋友當然要以信任對方為前提，雙方才能成為好友。但是除了信任對方外，保護自己還是很重要，特別是涉及個人隱私的部分，要更謹慎。

　　有句話說：「君子之交，淡如水。」其實就是指，朋友之間，不是因為交換祕密或是天天黏在一起才是好友。有時候涉及個人隱私，還是需要維持適當的界限。另外，雙方真的吵架時，也不要批評或洩露他人的祕密，否則未來其他人也不敢與你深交。

給老師的管教小提醒

　　學生網路行為失控的情況越來越多元，相當難處理，就算是平日成績優良、看似乖巧的學生，也可能在網路上出現失控行為。

　　網路上的戰火，經常起因於生活間的衝突與互動。班上同學開始出現糾紛時，老師務必留意，提醒學生別以為躲在鍵盤後就能為所欲為，網路犯罪最後幾乎都會被揭發。

　　學生應學習保護個人隱私，也不該隨意公開同學祕

密。若發現自己在網路上被侵犯隱私，要正確求助，告知家長、老師，尋求正當處理方式，千萬不可用同樣方式回應。

像這個案例裡，雨菲如果也上網攻擊品研，雙方不斷出賣對方私生活情況，那後果會很失控，傷害也會加深。此外，雙方也都會觸法，造成的裂痕將很難彌補。

💬 給家長的教養小叮嚀

幾歲給孩子手機、手機如何控管、如何讓孩子不會因為手機加入生活而失序等問題，對現今家長而言，是非常重要的教養準備與任務。當手機進入孩子的生活後，若不加以規範，可能會有毫無限制的後果，例如：

1. 恣意在網路留言
2. 揭露自己的正面照
3. 無限制談論個人隱私
4. 公布未經他人同意拍攝的私密照等

這些不當使用的情況越來越多，傷害也會不斷擴大，讓家長非常擔心。更何況這些問題造成傷害後，接下來的處理也會非常困難，甚至容易產生後遺症。舉例

來說，近來常有孩子在路上被陌生人持手機上的私密照詢問：「這是你嗎？」外流的照片將讓孩子一輩子活在恐懼中。

　　為了有效保護孩子的安全，請家長在給手機前一定要先對孩子進行「手機親子課程」。

法律小教室

在網路上公開他人的隱私，是觸法行為嗎？
大家可以讀讀看刑法第 310 條。

▶ 【法條】刑法 第 310 條

1. 意圖散布於眾，而指摘或傳述足以毀損他人名譽之事者，
   為誹謗罪，處一年以下有期徒刑、拘役或一萬五千元以下
   罰金。
2. 散布文字、圖畫犯前項之罪者，處二年以下有期徒刑、拘
   役或三萬元以下罰金。
3. 對於所誹謗之事，能證明其為真實者，不罰。但涉於私德
   而與公共利益無關者，不在此限。

揭露他人隱私，即使內容屬實，仍可能涉及
誹謗罪。這次的案例，因為雨菲的實際生活情況
屬於私德，與公共利益無關，因此沒有人有權利
公開披露雨菲的隱私。

然而，在網路上，我們常看到對他人隱私或
私人行為的討論，尤其是針對藝人等公眾人物。
那麼，究竟哪些事情可以被公開揭露或討論呢？

答案是，必須同時滿足兩個條件，而且二者
缺一不可：

1. 能證明內容屬實

2. 與公共利益相關

　　出於善意的發表，則包含以下情況，例如：

1. 為了自我防衛或保護合法利益，例如澄清名譽。

2. 公務員因職務需要提出報告。

3. 針對與社會大眾有關的事務進行適當的評論，
　且需確保言論與事實相符、不誇大。

4. 提供符合事實的記述，例如針對公開會議、法
　院程序或集會的報導。

　　另外，利用網路傷害他人隱私，就會符合刑
法第 310 條第 2 項的規定，也就是意圖以散布文
字、圖畫的方式，來指摘或傳述足以毀損他人名
譽的事，這會構成「加重誹謗罪」。

　　普通誹謗罪與加重誹謗罪的不同在於「傳達
的手段」，普通誹謗罪是藉由口述形式，而加重誹
謗罪則是透過文字或圖片方式散布。法院接獲相
關案件，會根據被告所使用的傳達方式，作為判
決依據。例如，若網友在網路上用文字誹謗某

人，這樣的行為即可構成「加重誹謗罪」。

　　青少年朋友們，你若真想要結交好友，首先要成為能讓對方信任的人，不是一方面與好友討論隱私或心事，一方面因交惡或利用友好關係，將相關隱私公開、傷害同儕，還說這些都是對方自己說的。就算是對方主動分享，他也沒有想到某一天會被公開，一個會用這樣手段傷害朋友的人，其他人也不敢跟你太要好，因為大家都會擔心自己可能成為下一個被出賣隱私的人。

　　如何與人相處是終身課題，尊重他人、保護自己，是需要不斷學習的。

02 趁機公布他家地圖，讓他被打，爽！

宥任和子睿是國小同學，國中再度同校。兩人也是鄰居，宥任家在同一社區的 A 棟 8 樓，國小時，子睿媽媽送子睿上學，幾乎同時都會遇到宥任爸爸也帶宥任上學。

因為住得近又是同校，兩家人都很熟。其實兩人國小也曾經有一段時間感情很親密，常互相到對方家裡玩。只是上了國中，子睿和宥任同班後反而變得比較疏離，見面時都有些尷尬。特別是假日在附近餐廳吃飯，兩家人不期而遇時，雙方父母會微笑打招呼，兩位青少年反而不知所措。這大概是青少年特有的彆扭吧？

講話有需要這麼難聽嗎？

說起來，兩人本應該是好友，雖然同班後變得尷尬，但至少還會點一下頭打招呼。直到最近發生的事件，徹底改變了兩人的關係。

有次宥任從廁所出來，忙著回頭跟後方同學講話，不慎撞到子睿，子睿突然暴怒，破口大罵：「瞎了嗎？會不會走路？死人哦？」

子睿憤怒地咆哮，讓正在賠笑的宥任瞬間下不了臺。

「有必要這麼誇張嗎？又不是故意的，你在找碴嗎？」

宥任不甘示弱地回應。

　　接著子睿突然向前，用胸口頂住宥任，明顯是在挑釁，看起來就是想打架的樣子。宥任被嚇了一跳，不由自主地後退。子睿見狀，突然哈哈大笑。

　　「膽小鬼！怕死就小心點啦！」子睿用嘲諷的口吻注視著宥任。

　　「真奇怪！幹麼這樣講話？太誇張了吧！」宥任一時不知道該如何回應。他不想惹事，但也不願示弱，只是不明白一件小事為何要搞成這樣。

　　回班上後，宥任越想越覺得不對勁。在學校裡，不小心撞到別人通常道個歉就沒事了，他回想剛才的過程，意識到子睿似乎在找麻煩，故意讓他出糗。仔細想想，宥任確信自己並沒有得罪子睿，不明白為何子睿要這樣對他。為了確認自己的猜想，他決定在下一節課下課時詢問士傑。士傑當時就在宥任後面，就是因為跟他講話，宥任才會撞到子睿。

　　「士傑，你不覺得剛才子睿很故意嗎？他好像在針對我。」宥任試探性地問。

　　「是有可能，」士傑認真地分析說，「子睿最近好像得

罪了隔壁班的志聰，聽說志聰要找人修理他，所以他變得很敏感，但其實根本是他自己想太多。」

「我就說嘛！不過是碰到一下，何必這麼生氣。」宥任喃喃自語，像是在驗證自己的想法。

隔天的體育課，讓宥任的臆測成為確信。

那天，體育課上籃球，老師講解完基本動作後，引導全班同學練球，然後開始進行比賽。宥任和子睿被分在同一隊，雖然宥任不擅長體育，但他非常努力和投入。

比賽進行中，子睿突然將球傳給宥任。宥任完全沒有預料也沒有準備好，所以球打到他身上後彈出場地，子睿對他大聲喊道：「白癡哦！」

你給我記住！

子睿的聲音大到讓場外的同學哈哈大笑。宥任覺得很糗，也感到十分難堪。然而，更糟的情況還在後頭。

雙方繼續比賽，得分比數咬得很緊。眼看著時間將盡，宥任再次漏球。最後，他們的隊伍以 2 分之差輸掉比賽。子睿氣得把球直接往宥任身上丟，害宥任跌坐在地。

宥任當時想衝過去打子睿，但他實在被球打得太痛，

坐在地上，站都站不起來，眼淚也飆了出來。那時的他狼狽不堪，只有志聰過來關心他的情況。下課後，大家都走了，他才終於站起來走回教室。

此時，宥任確信子睿不但不喜歡他，甚至故意找機會修理他。他知道自己打不過子睿，只能等待時機報仇，讓對方不再囂張。

皇天不負苦心人，報應終將到來。他最近在子睿的社群上發現，子睿似乎惹到了一位學校的高年級學長。聽說這位轉學來的學長很有來頭，有人說他曾攻擊生教組長；有人說他打爸爸被通報家暴；還有人說他在前一所學校把同學打到住院。反正這些事也不知道是誰傳出來的，聽起來都像連續劇和社會新聞，似乎很遙遠但又很具戲劇性，學長就像學校的傳奇一樣。

宥任發現，子睿因為惹到這位學長，兩人在同學自創的社群「靠北803」中相互攻擊謾罵。這一切過程，宥任都默默潛水觀察著。

學長：803的俗辣！躲什麼躲，今天看見我，還繞道？小心一點，不是每天運氣都這麼好。

子睿：誰怕誰，烏龜怕鐵鎚，有種來啊！

學長：不要跑，讓我知道你住哪，看你往哪裡跑。

宥任看到這裡，內心大喜，心想機會來了！子睿的敵人，當然是自己的朋友，這下可以不費吹灰之力報仇了！宥任於是立刻用匿名「小黑」回應。

小黑：803 的好像住這裡，學長去堵堵看！

宥任搜尋網路地圖，標記出子睿的住家地址，將截圖貼在社群上。他上傳後內心竊喜不已，直到下一秒，他看見子睿的留言，才開始擔心起來。

子睿：你是誰？怎麼可以公布我家的地址和地圖，這樣會違反個資法，等著被告吧！我要報警！

宥任心想，我匿名、也沒說出子睿的姓名，我只要否認到底就好，幹麼自己對號入座？學長也不一定會相信，關我什麼事？宥任內心不斷合理化自己的行為。

可是沒想到，一小時後他從窗邊望出去，看見子睿家樓下聚集了一大堆黑衣人，看起來很嚇人！更戲劇性的是，沒多久警車也來了！黑衣人來不及跑，都被警察一一帶走。宥任在樓上還可以聽到子睿爸爸生氣的聲音：

「有人引導他們來傷害我的孩子，請警察查清楚，這個幕後的藏鏡人太可惡了！」

果然兩天後，宥任父親就被通知到警局，宥任心想，完蛋了……。

吉官告訴你

一定要保護自己的數位足跡！

　　網路上的活動，從發動態開始，內容和方法其實都應該有所限制，會涉及個人隱私或他人個資的內容都要謹慎。有些青少年在自介時，會放詳細的個人資訊，例如學校、班級、個人特徵、姓名、喜好、身高、體重和星座等，甚至有青少年會天天發自己的足跡動態，對外交代自己的生活與不同面向的自己。

• 你不知道個資有多珍貴

　　公布鉅細靡遺的個資，就是讓自己暴露在風險中，可能會招來意想不到的傷害。包含把自己的住家、家人和全臉的正面照放在自己的社群軟體中，也會有風險。一方面，確實很多人關注你了，但想想看，那些想傷害你的人也同樣在「Follow」！所以，在網路上保護自己的隱私其實非常重要。

　　至於別人的隱私和個資，我們更是沒有權利公布，一旦公布就會有觸法問題。例如跟別人說：「小芳的爸

爸是醫生、媽媽是老師，家裡很有錢。」一般人聽了可能不以為意，但心懷不軌的人就可能會產生其他想法。

吉官曾經在少年法庭上，處理過一個令人心痛的案件。一位家境優渥的孩子放學後被綁架，破案後才發現，竟是被班上最要好的同學出賣。當時那位同學只是想給對方一個教訓，便將同學家裡的情況，透露給打聽消息的黑道組織。他得知自己的行為導致同學失去生命後而非常痛苦，也因此受到調查。他完全沒想到透露別人的事情，會造成如此可怕的後果。

因此，宥任這樣的行為不僅侵犯他人隱私，還可能造成無法挽回的傷害，如果因此造成損害，宥任就需要負起責任。

☀ 給老師的管教小提醒

學校在處理學生性平、霸凌和違規等事件時，需要格外留意保密原則。無論事件是否成立，都不應過度對外透露相關情況。

另一方面，當老師發現學生在網路上過度揭露自己的隱私，或是傷害他人隱私時，應立即採取輔導管教策

略。首先，要明確說明個人資料的範疇，讓青少年了解哪些資料需要被保護，且不能侵犯。其次，更要讓青少年認識到，這些行為可能對他人隱私或個資造成傷害與影響。

其實，青少年只要明白後果，通常都會變得謹慎，懂得保護自己也不會傷害他人，這樣一來，相關的傷害危機就會大大降低。

💬 給家長的教養小叮嚀

家長要留意，我們是否經常在網路上公布家庭生活細節。例如，有些父母會大剌剌的把嬰兒照貼在社群媒體上，他們可能認為，可愛的嬰兒哪有什麼隱私，或者孩子的身體器官根本尚未發育完成，所以直接張貼分享也無所謂。其實，這些行為仍可能帶來傷害。

澳洲一項關於兒童色情網站的非科學調查發現，大量色情照片是從孩子父母在臉書或 Instagram 的分享中竊取的。

家長基於分享的心態上傳影像，卻忘記孩子未來長大後可能會非常在意這些照片。因此，當家長在要求或

控管孩子使用數位科技產品的同時，也要反思自己是否正在踩線或讓孩子暴露在風險中。

• 爸媽上傳照片之前，也要先三思！

判斷的方式很簡單，當家長想分享孩子的成長點滴，留下可愛的足跡時，可以問問自己：

1.「這張照片或貼文的主要目的是什麼？」如果是為了滿足家長的社交需求或博取他人關注，而非顧及孩子未來的感受，則建議不要分享。

2.「這張照片或訊息是否可能對孩子的數位形象造成影響？」

3.「如果多年後孩子回顧這則貼文，是否會感到被尊重？」

以上問題關乎到孩子未來可能的隱私需求、人格尊嚴及在社群媒體上的數位足跡是否安全，如果問題的答案是否定的，請不要上傳分享。

國際上的家長和小兒科醫生越來越重視保護兒童的「數位存在」（digital presence）。他們不僅擔心孩子因

為父母的貼文遭到霸凌，也想防止孩子遭到「數位綁架」，或照片被上傳到兒童色情網站。這些都需要我們時時謹慎、做好準備。

我們的孩子終將長大，不能因為他們還是幼童，就不顧日後他們的感受，或忽視他們權利的保護。兒童有權在成年後自由創造自己的數位足跡，他們應該能夠自己做決定，而不是在他們還不能表示意見時，由父母代為決定。

因此，父母可以將孩子可愛的照片存放在家人私密硬碟中，供自己瀏覽。日後等孩子成年，再由他們自己決定是否要分享這些照片，這個決定應該由成年後的他們來做。

法律小教室

接下來，讓我們認識個人資料保護法（個資法）的規定。關於個資的範圍，可以參考個資法的定義，裡面列出的都是需要好好保護的資料。

▶【法條 1】個人資料保護法 第 2 條第 1 款

本法用詞，定義如下：一、個人資料指自然人之姓名、出生年月日、國民身分證統一編號、護照號碼、特徵、指紋、婚姻、家庭、教育、職業、病歷、醫療、基因、性生活、健康檢查、犯罪前科、聯絡方式、財務情況、社會活動及其他得以直接或間接方式識別該個人之資料。

至於可以被蒐集的資料有哪些？也可以參考個資法的第 20 條。

▶【法條 2】個人資料保護法 第 20 條第 1 款

非公務機關對個人資料之利用，除第六條第一項所規定資料外，應於蒐集之特定目的必要範圍內為之。

這裡規範的是私人機關如何蒐集個人資料，例如：百貨公司舉辦抽獎需要參與者填寫資料；買電器時可能要註記購買人資料，以提供保固維修等。這些一般性資料，原則上可以蒐集、處理或利用，但還是必須符合一定的條件。

至於哪些資料連私人機關都不能蒐集呢？個資法第 6 條第 1 項就寫了，包括「病歷、醫療、基因、性生活、健康檢查及犯罪前科」等，都是私人機關不能搜集、處理與利用的。因為這些資料具有敏感性，需要特別保護。

　　那麼對方拿走蒐集的資料後，可以隨便使用嗎？我們常看見社會新聞，某某百貨公司的不肖員工把參加抽獎的客人個資，販賣給詐騙集團，或販賣給特定他人使用，這樣可以嗎？

　　當時參加抽獎是為了讓主辦單位在抽獎後能通知獲獎人，消費者基於信任才提供個人姓名、電話、地址、出生年月日等。按照規定，抽獎後，這些個資應該都需要塗銷，絕不能再使用。

　　這些處理原則，其實在個資保護法中都有詳細的規定。

▶【法條3】個人資料保護法 第5條

個人資料之蒐集、處理或利用,應尊重當事人之權益,依誠實及信用方法為之,不得逾越特定目的之必要範圍,並應與蒐集之目的具有正當合理之關聯。

▶【法條4】個人資料保護法 第20條第1項

但有下列情形之一者,得為特定目的外之利用:

一、法律明文規定。

二、為增進公共利益所必要。

三、為免除當事人之生命、身體、自由或財產上之危險。

四、為防止他人權益之重大危害。

五、公務機關或學術研究機構基於公共利益為統計或學術研究而有必要,且資料經過提供者處理後或經蒐集者依其揭露方式無從識別特定之當事人。

六、經當事人同意。

七、有利於當事人權益。

　　假使有不肖人士將個資轉售出去,導致無辜的消費者成為犯罪行為的受害者,其實都違反個資法第29條、第41條或第47條。這些都有相應的處罰,需要大家謹慎注意。

▶【法條5】個人資料保護法 第29條

1.非公務機關違反本法規定,致個人資料遭不法蒐集、處理、利用或其他侵害當事人權利者,負損害賠償責任。但能證明其無故意或過失者,不在此限。

2. 依前項規定請求賠償者，適用前條第二項至第六項規定。

▶【法條6】個人資料保護法 第41條

意圖為自己或第三人不法之利益或損害他人之利益，而違反第六條第一項、第十五條、第十六條、第十九條、第二十條第一項規定，或中央目的事業主管機關依第二十一條限制國際傳輸之命令或處分，足生損害於他人者，處五年以下有期徒刑，得併科新臺幣一百萬元以下罰金。

▶【法條7】個人資料保護法 第47條

非公務機關有下列情事之一者，由中央目的事業主管機關或直轄市、縣（市）政府處新臺幣五萬元以上五十萬元以下罰鍰，並令限期改正，屆期未改正者，按次處罰之：

一、違反第六條第一項規定。

二、違反第十九條規定。

三、違反第二十條第一項規定。

四、違反中央目的事業主管機關依第二十一條規定限制國際傳輸之命令或處分。

志偉終於擁有了自己的手機，雖然網路流量有所限制，但他與同學間不再有距離。以前，當同學們談論遊戲、特定議題或分享生活點滴時，他常覺得自己被隔絕在外。

　　現在，他可以全然投入，與大家有說不完的話題，還能互相分享有趣的短影音。他感覺自己人際關係變更好，也一手掌握同學動態。

　　昨天志偉在個人社群上面，上傳自己製作模型的成果。短短幾十秒的縮時攝影，完整記錄他做了好幾個小時的模型重機，同學看了無不稱讚與分享。隔天到學校，大家都還在討論這件事，志偉頓時感覺同學對待自己的態度很不同。他今天可說是「話題王」，這種「引領風向」的感覺真好！

回得太慢就被酸

　　然而，社群的經營並不簡單。每個人都絞盡腦汁在「生產」內容，而且社群的狀態也一直在改變。志偉加入了打球夥伴創建的群組，但因為補習和家庭聚會，幾次邀約他都無法參與。結果有人開始酸他，稱他為「媽寶」或「離不開大人的小寶貝」，這些稱號都讓志偉著實不爽。

此外，志偉因為上才藝班，按讚的速度較慢，就被說「不夠朋友」。同學組隊邀請打遊戲，他沒跟上進度，也被說「不在乎同學」。原本以為有手機很棒，沒想到後來衍生出那麼多麻煩和人際困擾。

　　為了跟上進度，志偉只能不斷查看手機和留言。這個行為遭到父母多次警告，甚至威脅要收回手機。

　　志偉委屈地說：「很多事不是我能決定的啦！」

　　爸爸立即回應：「小孩子間會有什麼要立即回應的急事？別忘了，日常生活比網路活動重要。如果你會被網路綁架，那你就不該擁有手機。」爸爸的語氣嚴厲。

　　志偉嚇得收起手機。這些狀況都是擁有手機前，他完全沒有想像到的事情。

　　他開始反省，當初應該要限制群組的數量，不該有群就加。於是他下定決心，以後一定要慎選群組，不要再加入有壓力的社群。

這個群不一樣，快加！

　　某天下課，明哲突然把志偉拉到角落，他壓低聲音神神祕祕地問：「要加嗎？」明哲拿出手機，打開 APP。

「加什麼？」志偉好奇地問。

「好康的，加了包你滿意，因為實在是太需要了。」明哲未來一定是成功的推銷高手，他的話讓人感覺非加不可。

「我跟你說過，現在不想亂加群，不要誘惑我啦！」志偉終於展現出自己的決心。

「這不一樣啦！」明哲急忙澄清，「這是定位軟體，你知道有誰在群裡嗎？」他露出神祕的表情。

「誰？」志偉詢問。

明哲解釋道：「體育班的小輝、常去廟裡幫忙的小龍、成績很好的世昌……只要你想得到的風雲人物，都在群裡。而且因為有定位功能，只要你需要協助，就有人會出來幫忙。等於你的身後站了一群可以立刻替你撐腰的朋友。平日只要打開地圖，就知道誰在附近、誰能提供協助，怎樣，帥吧？」

「你確定這麼好用？不會有後遺症嗎？」志偉不安地詢問，這個 APP 的功能性確實滿強的，又不用一直回應，感覺不錯。

「怎麼可能，如果不好用，現在這 78 個參加的人難道是腦殘嗎？」明哲自顧自地說著。

「好吧！那先試試看，不好我就退群！」志偉覺得先說好會退群，至少後來真的發生也不會被責怪。

志偉才加入三天，就接到群組某人私訊。

差點害我變成古惑仔

「你在附近嗎？」志偉剛好補習完，馬上就接到訊息。

「在附近啊！有事？」志偉只能老實回覆，畢竟已經被定位，難道還能睜眼說瞎話嗎？

「過來一下，地點發給你，身旁有朋友就一起帶過來，有事需要支援。」私訊的是暱稱 SHE123 的人。

收到這樣的訊息，其實志偉一般不會參與，但今天補習班剛好提早下課，所以他想不如去瞧瞧，也許可以認識更多朋友。

「你再把地址發過來，我這就過去！」志偉回應毫不遲疑。

志偉用網路查詢路線，走路過去只要三分鐘，想想應該還好。到現場便利商店門外，當時已聚集大約七人。

志偉到場後，某位年輕人問是誰找的，志偉回答是定位軟體的 SHE123 後，對方突然從路邊小客車的後車廂拿

出鋁棒交給志偉。志偉嚇壞了，不知該如何拒絕，對方堅持遞給他：「拿著防身。」

志偉接下後，握著鋁棒的手不斷發抖。他看見人潮慢慢聚集，大家相互並不太認識。大約到二十多人時，有人開始帶頭對著便利商店大喊：「踹共、踹共！俗辣才躲在裡面！踹共！」帶頭的人看起來很暴躁！

志偉此時突然發現，自己根本就掉進別人鬧事的陷阱。萬一兩方人馬打起來，他該怎麼辦？

首先，他根本不知道兩邊發生什麼事，總不能不分是非、亂打一通。另外，一旦打起來，誰是隊友誰又是對手？他根本都不認識。萬一打錯，豈不是倒大楣？看起來應該要撤，不然就來不及了。

於是，當大家開始往便利商店門口聚集時，志偉慢慢後退。他一等到機會，隨即過馬路到對向車道。這時，好幾輛警車鳴著警鈴來到現場。

「不要動，手上的東西全部放下！蹲下來！」警方以優勢警力，手握槍枝，控制全場。

志偉把鋁棒丟在附近偏僻的巷子，看著二十多人被帶走的過程，瑟瑟發抖。心想：「幸好自己撤得夠快，否則下

場就慘了。」

隔天他看見新聞標題：「二十多位幫派分子手持槍械便利商店尋仇，全部法辦！」

志偉心想，如果昨天沒離開，今天就成為報導中的幫派分子了。黑幫的社群 APP，真的太糟糕了！

使用網路前
要先知道風險！

吉官告訴你

　　青少年的網路生活與日常生活有很高的重疊性。網路為生活、社交、學習、購物和娛樂各方面帶來便利性，但同時也會帶來危機。法院的青少年觸法事件中，幾乎都能看見網路在其間產生的影響，有交友受害、打工受害和網路發言不當等。

•觸法後才知道網路風險有多高

　　很多青少年在反思個人行為動機時，經常會有以下的結論：

　　「早知道就不要在網路上跟他互動。」

　　「我一輩子都不會再用交友軟體了。」

　　「除了家人，我不會在網路上跟其他人交心了。」

　　「案件發生後我就刪掉社群軟體了。」

　　「我已經退群了。」

　　這些曾經深度依附網路的青少年，何以發生特定事

件後，會有如此想法？這都是因為，受到傷害後才了解自己完全無法控制網路風險。

因此青少年在下載 APP、參與社群時，別以為多多益善就來者不拒，因為加入容易、退出難；或是用輕率的態度面對，直到受害時，才發現原來不是任何的社群活動都是「好康」。若其中特定人有特定目的，青少年很難應付與預測。

面對新型網路活動或軟體，下載前務必找師長或有經驗的友人詢問討論，了解風險、自我保護。這就像裝置防毒軟體一樣，有特定目的的人，就像電腦病毒一樣，會傷害電腦、傷害你，但是有防毒軟體就能降低危害。

💡 給老師的管教小提醒

學校是學生學習和成長的地方。然而，有時候學生可能會在學校出現脫序行為，特別是在監視器無法拍攝到的角落或偏僻處。這些行為可能包括聚眾傷害、談判等，造成某些學生遭受群體壓制，進而產生恐懼感。

在這些偏僻場所，由於當下可能沒有其他人在場，被一群人團團圍住的情況下，無論是言語或肢體上的行為，都可能造成他人的畏懼和恐懼。更糟糕的是，因為沒有其

他目擊者，在場的人可能會更加肆無忌憚，導致言行失控，這種情況可能會觸犯恐嚇罪或強制罪等法律。

請務必提醒學生：不要以為在學校裡發生的事就不會有嚴重後果。即使只是在旁觀看，沒有直接威嚇或出手，也可能因此觸犯法律。一對一的衝突和聚眾霸凌對被害人的傷害程度不同，法律後果也會有所差異。

給家長的教養小叮嚀

家長可以多利用社會事件，提醒正處青少年階段的孩子，遭遇到任何事件不要只有情緒，還需理性判斷。務必主動與信任的師長討論，尋求多元的意見，全面瞭解問題後再做決定。單純講義氣但不懂得自我保護的孩子，容易成為別有用心之人的目標。一旦被利用，可能會陷入難以處理的暴力行為或組織犯罪中。這些後果往往非常嚴重，處理起來也相當棘手。

密切關注孩子的社交圈，了解他們的朋友；留意孩子經常碰面的對象，更是基本功。

法律小教室

聚眾準備鬥毆，會觸犯「妨害秩序罪」，這條規定寫在刑法第 149 條裡：

▶【法條】刑法 第 149 條

在公共場所或公眾得出入之場所聚集三人以上，意圖為強暴脅迫，已受該管公務員解散命令三次以上而不解散者，在場助勢之人處六月以下有期徒刑、拘役或八萬元以下罰金；首謀者，處三年以下有期徒刑。

什麼樣的行為會被視為危害公眾安全呢？其實，不一定要造成實際的傷害才算。當有人在公共場所做出威脅或暴力行為，即使沒有直接傷害他人，但如果這些行為讓周圍的人感到恐懼不安，無法正常生活，就已經構成了危害公眾安全。

法律上所說的「聚集」，其實涵蓋範圍也很廣。它不只是指面對面的聚會，還包括透過網路或其他方式聯絡的群體活動。無論是提前約好還是臨時起意；是主動參與還是被動加入，只要有三個人以上聚在一起，就符合法律上「聚集」的定義。

重要的是，即使群體中並非每個人都有不良意圖，只要其中有人意圖從事違法行為，整個群體都可能面臨法律責任。

在群體活動中，違法行為不僅限於直接參與打鬥的人。例如，在旁邊大聲叫囂煽動情緒、為鬥毆者掩護、提供武器或其他攻擊工具等，這些行為都可能被視為違法。

換句話說，即使沒有直接動手，但如果你的行為助長了暴力的發生，依然可能需要承擔法律責任。

04 只是閒聊，個資全曝光！他厲害還是我太傻？

欣怡聽見同學被邀請參加大型聊天群組，認識了許多陌生網友，他們會來按讚，欣怡覺得備受同理、支持與鼓勵，感覺網友比真實生活的朋友更好。跟網友不太會有摩擦衝突，雙方都保持一定距離，又能無限談天說地，無須擔心說了什麼之後被出賣，這讓欣怡相當期待與網友的互動。

　　昨天欣怡的社群軟體突然有陌生人留言，他對欣怡的作品按了「讚」，還留下一句評語「創意滿滿」。欣怡感受到對方的善意，彼此禮貌互動後，對方也主動私訊。

　　欣怡有點猶豫，她想起媽媽對她的警告：「不要隨便跟陌生人有進一步互動，很危險！」

　　但她又想到其他同學都沒有遇到問題，也覺得現今的網路生態應該跟媽媽想的大不相同，如果凡事都依循媽媽的想法，那麼科技進步就失去意義了。

　　最終，欣怡決定小心謹慎地嘗試，想看看網友是否真的比一般朋友更容易相處。

　　皮卡丘：嗨

　　欣怡：哈囉

　　皮卡丘：終於認識你了！

欣怡：我們見過嗎？

皮卡丘：沒有，但是我關注你很久了！

欣怡：哦哦！

皮卡丘：你喜歡韓星，我也是韓團訊息關注者哦！

欣怡：那以後可以多多分享！

皮卡丘：還可以一起去追星。

欣怡：可以嗎？

第一次的互動讓欣怡對「皮卡丘」非常有好感，雖然不知道對方是男生還是女生，也不知道對方幾歲，但感覺應該兩人年紀差不多。欣怡相當期待未來的互動。

之後，欣怡發布的動態訊息都會收到皮卡丘的關注和回應。這些回應比一般朋友的訊息更讓欣怡感覺被重視。起初，他們的互動都很輕鬆隨意，後來就開始不一樣了。

你家附近有夜市嗎？

皮卡丘：有空聊一下嗎？

欣怡：幾天不能上線，因為段考，抱歉！

皮卡丘：你是學生嗎？

欣怡：我小六QQ，你幾年級？

皮卡丘：閒閒沒事人。對了，既然是學生，暑假到了，有規劃打工嗎？

欣怡：沒，我年紀太小！

皮卡丘：新的時代，有新的機會，不要被年齡給限制想像哦！

欣怡：你是說，國小也可以打工嗎？可是我爸媽不會同意的。

皮卡丘：看你怎麼做。

欣怡心想，皮卡丘到底是大人還是小孩，怎麼感覺好像什麼都可以，他都能掌控？

皮卡丘：你家附近有夜市嗎？

皮卡丘突然換話題，讓欣怡愣了一下。

欣怡：有啊！花園夜市就在我家附近。

皮卡丘：原來你住花園夜市附近，聽說花園夜市有很

多好吃的。

欣怡：那你住哪裡？

皮卡丘：哈哈，我住北邊。啊！最近我多買了很多韓團周邊小卡，想送人，第一個想到你，不知道你是否願意接收。

欣怡：很貴耶！不要，我媽說不能隨便收朋友的禮物。

皮卡丘：不是禮物，是幫我處理！因為太多了，幫忙回收啦！做功德！

欣怡：可以嗎？但是可以不要讓我爸媽知道嗎？

皮卡丘：那是一定的，我爸媽知道也會干涉，煩死了，只要用店到店就不會被知道。

欣怡：太好了，那要怎麼弄？我沒用過。

皮卡丘：你家最近的便利商店是哪一家，我寄過去，取貨的時候需要你的姓名和手機哦！

其實欣怡腦海瞬間閃過老師的話，「不能隨便洩漏自己個資」，所以她遲疑了一下。

欣怡：一定要這樣嗎？用假名可以嗎？

皮卡丘：什麼？用假名怎麼取件？放心啦！這些都是基本規定，不會怎樣。更何況我們是朋友，這也不是交易，只是小東西而已。

　　欣怡：好哦！我叫王欣怡，電話0909666111。可以寄到小七花園夜市分店。

　　皮卡丘：我寄出後會通知你，要留意簡訊通知哦！

　　欣怡：好期待。

　　皮卡丘：畢業後上國中會比較忙，趁現在多玩一些。

　　欣怡：我喜歡畫畫，怕媽媽國中後不准我再畫。

　　皮卡丘：我很欣賞會畫畫的人，可以分享你的作品給我看嗎？

　　欣怡：等等。

　　欣怡接下來把自己在學校參加比賽的作品，貼給皮卡丘看。

　　皮卡丘：很厲害耶！不像小學生畫的。

　　欣怡：這是我上學期比賽優勝的作品。

這次聊天後，欣怡覺得自己好像透露了太多個人的事，反而是皮卡丘很神祕，這樣會不會讓自己的隱私都曝光了？然而，幾天過去，一切如常，她開始覺得自己可能想太多了。

幾天後，他收到簡訊，也到便利商店取貨，爸媽完全不知道，於是欣怡上網感謝皮卡丘。

欣怡：今天收到韓星小卡，都是最喜歡的，謝謝。

皮卡丘：沒事，想報答我，可以幫我一件小事嗎？

欣怡：什麼事？

皮卡丘：我需要一位模特兒，讓我拍出美美的作品。

欣怡：但是我長得不好看，身材也不好，應該沒辦法。

皮卡丘：我拍的是意境，人像都是很模糊的意象，也不用特別打扮。

欣怡：我還是沒辦法，抱歉。

皮卡丘：如果你幫忙，一次出鏡給車馬費 1000 元。

欣怡：不是錢的問題，抱歉。

皮卡丘：朋友間幫忙，不勉強。但是我真心想跟你當朋友，感覺你都防著我，不能交心。

欣怡：不是的，是我做不來，我知道你對我好。

皮卡丘：一句話，要不要？

欣怡：你說說看，我再決定。

皮卡丘：你願意幫忙最重要。

欣怡：怎麼做？

皮卡丘：約在花園廣場站的捷運一號出口，見面再跟你細說。

欣怡：不要在晚上，也不能太久哦。

皮卡丘：沒問題，快的話三十分，慢的話頂多一小時。

欣怡：那可以，星期六下午好嗎？

皮卡丘：那就下周六下午 2 點，不見不散。

欣怡：我需要準備什麼？

皮卡丘：人來就好。

喝完飲料好想睡

那天，欣怡向媽媽謊稱要去同學家做科展。她依約來到捷運站，卻發現等候多時的「皮卡丘」竟然是一位年輕的叔叔，而不是她預期的青少年。

皮卡丘一見面就給了欣怡 1000 元車馬費，還買了許多

小吃。他解釋說拍照很耗體力，需要補充能量，同時從背包拿出事先準備的手搖飲。

隨後，皮卡丘示意欣怡跟他走。十幾分鐘後，他們來到一家汽車旅館。欣怡感到害怕，想要拒絕，但皮卡丘堅持拍照必須在室內進行。他在櫃檯熟練地拿到房間鑰匙，兩人進入房間。

進房間後，皮卡丘播放了輕鬆的音樂，開始解釋接下來拍攝的準備，並讓欣怡一邊吃吃喝喝，一邊放鬆地模仿學習。

欣怡起初不願喝陌生人的飲料，但見對方喝了也沒什麼事，於是就放心地喝了起來。她很想趕緊喝完回家，卻沒想到越喝越睏，竟然不知不覺睡著了。

等欣怡醒來時，已經將近晚上七點，欣怡嚇得六神無主，坐起來後才發現……自己竟然裸著身體，衣服都被脫掉放在旁邊的沙發上！她用床單把自己包起來，趕緊把衣服穿上，皮卡丘突然從外面進來，看著欣怡說：「今天謝謝你幫我，讓我拍了好多很棒的照片。」皮卡丘帶著恐怖微笑猥褻地說。

欣怡覺得很可怕，更感覺自己受騙了，皮卡丘為什麼

要脫她衣服？真的超級變態。欣怡只想趕快離開，她很後悔赴約。

你怎麼可以拍我

這時皮卡丘拿起手機，把照片投影在電視上，欣怡看到自己全身赤裸躺在床上的樣子出現在電視螢幕上。

「你怎麼可以這樣！變態！」欣怡幾乎要哭出來。

「妹妹，你知道嗎？我之前看到你在社群軟體發照片展現自己可愛迷人的模樣，我當時就看上你了！你不要害羞，也許未來你會很紅，因為你敢又有意願，我可以幫你，讓你人氣衝高，有一些廣告平臺可以讓你成名，我還會送你很多東西。」皮卡丘好像在談條件一樣，想讓欣怡未來願意再配合。

「我不要，你刪掉照片。」欣怡已經決定，她才不接受噁心的幫助。

「你確定要這樣拒人千里嗎？」皮卡丘吊兒郎當地問。

「你是壞人。」欣怡看著皮卡丘，決定不要再被騙了。

皮卡丘這時態度完全不一樣了！他凶狠地看著欣怡：「你這麼不聽話，不知好歹，那就不要怪我把你的照片公布

在你學校的門口跟網路！王欣怡，山岡國小 605 班，電話
0909666111，你媽媽或其他親戚看見你的照片，應該會丟
臉到想死。哈哈哈哈！」

欣怡眼淚直流地懇求皮卡丘：「求求你，放過我，要怎
樣你才會放過我，你說。」

「對嘛！這樣才乖，我想想，從現在開始，聽我的指
示，只要我找你，你就直接來這裡。只要乖乖照做，這些
事都不會有人知道！你只要配合，一切就沒事！」皮卡丘
威脅道。

「我知道了……」欣怡呆呆地回應，不停地發抖。

老師請幫幫我

欣怡走出汽車旅館時，天已經完全黑了，她覺得自己
未來也一片黑暗。她哭得停不下來，但也知道自己不能再
來了。只要再來，就會有更多照片和傷害！

她突然想到，輔導室老師宣導過，這些事一定要告訴
老師，於是她決定第二天去找老師。欣怡心裡想，自己根
本也沒有跟他說自己念哪個學校，皮卡丘怎麼會知道怎麼
多事，他到底怎麼調查的呢？

老師知道欣怡的情況後，立即啟動校安通報，警方啟動調查，學校也安排安全保護機制。之後警察藉由監視器和汽車旅館登記資料抓到皮卡丘，欣怡被通知到警局。

　　欣怡在一個雙面鏡房間看著警察審問皮卡丘。

　　「你怎麼知道被害人的個資？」警察看著皮卡丘手機問道。

　　「都是她自己說的耶！我問夜市，她就差不多說出她家在哪裡，而且比對一下她的畫，就知道她是什麼學校的啊！網站都有公布得獎畫作呀！」皮卡丘嬉皮笑臉地說。

　　「我是傻子嗎？」欣怡突然覺得自己真的很笨。

過度分享，
危險性超高！

吉官告訴你

即使是早年沒有網路的時代，也有很多交友的風險，但只要留意周邊的人，其他人很難認識你、接觸你，更難獲取你的個資。但是現在的青少年處在網路世代，網路交友比馬路交友的機會多更多，風險當然也高得多。

許多青少年在網路上過度揭露個人隱私，經常發正面照、生活照和短影片等，這些都讓別人可以了解你的生活脈絡。如果都只是好友瀏覽，確實也不會怎麼樣，然而，追蹤你的人都是好人嗎？

• 過度分享會讓有心人得到機會

有心人如果想要在馬路上綁架和詐欺，馬上就會被發現。所以現在他們都從馬路跑到網路上，只要鎖定特定對象，就能找到機會接觸你、蒐集到你的資料，然後設計傷害你的方法。

你有沒有想過，你發布的照片和影片，可能已經給了有心人可乘之機？青少年朋友們，千萬別認為自己的

個人資料不重要，或是沒有人會惡劣到去侵犯別人的隱私。這些想法都是錯誤的！

• 公眾人物也努力在保護自己的隱私

許多公眾人物在使用社群軟體時，會將公事和私事分開。他們在公開場合只談論公眾事務，不涉及個人生活細節，這是因為他們深知保護隱私的重要性。

你可能聽說過一些公眾人物的孩子在學校被霸凌的案例。這種情況往往源於霸凌者的嫉妒或偏見，他們可能會說：「你爸爸是某某人，很了不起嗎？」或「你媽媽是某某人，你也不怎麼樣嘛！」這些言語都反映了他們對特定人物的負面情緒。

成為公眾人物固然有其優勢，但也伴隨著巨大的壓力。相比之下，普通人的生活反而更加輕鬆自在。只要懂得如何保護自己，你也能擁有低調而愉快的人生。別以為活在大眾眼光下才代表成功和幸福，事實上，公眾人物也有他們的煩惱和無奈。

💡 給老師的管教小提醒

　　學生們經常會在網路或社群軟體上，分享學校活動和同學生活的照片或影片。有些同學甚至會上傳其他人的姓名或作品。雖然大家可能認為，這只是在不公開的社團中分享，或是為同學宣傳，但這些行為其實都可能讓青少年的生活逐漸暴露在公眾視線之下。

　　討論星座、分析同學的血型個性，甚至提及某同學的父親是學校校長，或某位同學的媽媽是里長等評價，都可能導致他人的個人資訊被不當揭露。這種情況在學校或網路留言中常發生，像是：

　　「聽說小明媽媽是議員。」

　　「小華爸爸開豪車，家裡有上億的財產！」

　　「小芳的爸媽離婚，在打官司，聽說爸媽倆人都是藝人！」

　　當我們發現學生在留言或談話中，涉及他人的私人生活，或是提及可能會洩露他人隱私的資訊時，都應該立即制止並給予提醒。

💬 給家長的教養小叮嚀

教導孩子認識個資的意義，建立他們對個資的保護觀念至關重要。因為個資不但涉及人身安全，還關係到個人隱私的界限。如何分辨並正確保護這些資訊，是每個家長都應該教導孩子的重要課題。

生活中隨處有教育孩子的契機。例如，在自家大樓裡搭電梯時遇到不同樓層的鄰居，相互寒暄後的閒聊，就是很好的教育時機。例如：

鄰居：「弟弟，長得好高，幾歲了，念國小嗎？」

媽媽：「弟弟，叔叔在問你，你要回答啊！」

孩子：「我十歲，國小四年級！」

鄰居：「好乖哦，看起來跟國中生一樣，好聰明！」

這樣的對話看似沒有問題，但我們需要教導孩子在不同場合有不同的應對方式。換個場景，在百貨公司電梯裡，遇到陌生人問同樣的問題時，家長應該引導孩子採取不同的回應方式。因為對方是不熟悉的陌生人，回答的內容就不應該太詳細。

孩子可能會感到困惑：「媽媽，你上次要我自己回答樓上叔叔的問題，這次哪裡不一樣？」或「媽媽你跟

阿姨都有聊到我幾歲，在哪裡上學，我只是自己說出來，有錯嗎？」

家長的責任，就是在每次應對後，向孩子清楚解釋不同情境下的應對方式。家長可以根據「對方是誰」、「他可能的目的」，以及「孩子可能的回答」來區分不同情況。

• 具體應對策略

如何應對同樣的問題、不同情境的回覆方式，可以分成以下三種模式：

1. 熟悉的場合——如媽媽的辦公室

「我是欣怡，今年十歲，小學四年級，謝謝阿姨，很高興看見你！」

2. 半熟悉的環境——適度含糊、保持禮貌，同時避免透露過多資訊

「我是三樓的小怡，國小中年級，謝謝叔叔，叔叔也有小孩嗎？」

3. 完全陌生的環境——讓父母接手回應，避開敏感話題

「你好，我已經在上學了，我是學生，這位是我的媽媽。」

家長應多留意生活中的教育機會，引導孩子了解人際關係的親疏遠近，以及哪些資訊重要、哪些不宜談得太深入。這些技能不僅適用於現實生活，也能幫助孩子在網路上更好地保護自己。

法律小教室

　　之前我們已經在第二篇提過個資法，提醒大家不可侵犯他人的個資，你也應該保護自己的個資。法律上規定的項目，都是你應該要注意、要保護的資料。

▶【法條 1】個人資料保護法 第 2 條

個人資料：指自然人之姓名、出生年月日、國民身分證統一編號、護照號碼、特徵、指紋、婚姻、家庭、教育、職業、病歷、醫療、基因、性生活、健康檢查、犯罪前科、聯絡方式、財務情況、社會活動及其他得以直接或間接方式識別該個人之資料。

▶【法條 2】個人資料保護法 第 5 條

個人資料之蒐集、處理或利用，應尊重當事人之權益，依誠實及信用方法為之，不得逾越特定目的之必要範圍，並應與蒐集之目的具有正當合理之關聯。

05 我又沒有真的放炸彈，也算恐攻？

子皓在這次期中考「疑似作弊事件」中，被記了兩支警告，他心裡很委屈，因為考試當天很多人身上也都帶著手機。問題是，他運氣最差，被老師抓到。老師認為他拿手機出來作弊，怎麼解釋都沒用。最糟糕的是，同學也都在背後竊竊私語，認為子皓是計劃性作弊的累犯，難怪他成績一直很好。拜託！那些同學難道自己都沒有犯過錯嗎？平常作弊的人那麼多，現在裝什麼清高？

　　子皓不知道該如何澄清，心想那些造謠的同學未免太欠教訓了吧？思考很久，他決心要給學務處、教官、生輔組長和汙衊他的這群同學一點顏色瞧瞧！

　　他在連假最後一天，上同學創立的靠北社團發文：

　　警告大大高中的全體同學和老師：

　　5／22千萬不要來學校，當天學校三樓左側男廁所，將會有一場恐怖攻擊，屆時將死傷慘重。不要問為什麼，只因為太多自以為是的人，不分青紅皂白傷害攻擊無辜的人，還以正義魔人自居。因為多數人都是無辜的，因此我想警告那些無辜的人，5／22千萬不要來學校。

給版主的話：

你一定要上傳此留言，否則發生重大傷害將會是你這輩子最後悔的決定。

　　子皓反覆看著自己的貼文，其實他打完文字後有點猶豫，畢竟貼出去之後一定會引起軒然大波！但他只要想到學務處組長決定懲處時完全不給他機會解釋，就滿心憤怒，認為他們活該！就讓討厭的老師跟同學驚慌失措一下吧！

警察也來了？太誇張了吧！

　　貼文上傳後，子皓突然有種置身事外看笑話的感受。他看著迅速增加的點閱率和留言數，這則貼文果然引起熱烈討論。那些不懂他人被傷害的感受的人，就該體會一下這種擔心受怕的感覺！

　　當天晚上，整個論壇都在討論這件事，甚至有人在問明天是否該去學校，真是太扯了！

　　隔天一早，子皓到校時，他刻意表現得很淡定。學校門口出現許多警察在現場維護安全，陣仗之大，倒是有點出乎子皓意料。

每個同學都私下猜測，這件事到底會不會發生，究竟是誰這麼大膽？甚至有人認為放話的人是佯裝成學生的校外人士，反正各種揣測都有，真的很誇張。甚至只要有莫名的盒子放在架子上，就有同學懷疑是炸彈，弄到校園裡處處是炸彈，人人都是恐怖分子，超荒唐！

　　實際上，子皓早就細心模擬過，為了不被抓包，需要經過國外的 VPN 發文。他不知道是不是真的，反正他還使用了假帳號，所以就算警察要抓，也抓不到他。這些事情他再三跟網友確認，不會有問題的。

　　不過看到學校裡的大陣仗，還是有點擔心。要是這時候自首坦承，一定會被嚴厲懲處吧？還是再等一下，也許時間一久，大家就會忘記，到時候一切自然恢復正常。

　　當天放學回到家，爸媽立即把子皓叫到客廳，似乎有重要的事要宣布。

　　「聽說你們學校有最近有狀況？」爸爸非常嚴肅地問子皓。

　　「沒有啦！新聞太誇張，好像只是網路亂放話，沒事啦！」子皓根本不想談這個話題，因為事實只有他自己知道，沒有炸彈，只有嘴砲。

「你不可掉以輕心，現在的人都很衝動，如果是真的怎麼辦？而且我們辦公室同事的孩子也在你們學校，今天都在談論你們的事。大家都說要讓孩子請假，不要不當一回事，這很嚴重好嗎？」媽媽的態度比爸爸更認真。

我真的只是說說而已

子皓心情有點複雜，事情比他當初想的還嚴重。現在他只希望大家不要把貼文當一回事，否則他怕自己早晚會被發現。這種感覺很奇怪，就像你用心拍了一部影片，要大家看，結果沒人甩。然後你只是發洩一下講個髒話，想讓特定的人被教訓，結果連路人都在關注，什麼跟什麼啊？

「沒事啦！老師都有在處理，今天早上學校有警察來，也沒發現什麼，大家都覺得是說說而已，不會有事，你們不要再擔心了。」

實際上子皓也開始害怕，萬一被發現該怎麼解釋？但是應該不會這樣吧？再說警察也不可能找到他才對。

三天後的周六下午，子皓在自己房間，聽到樓下有很多吵吵鬧鬧的聲音。子皓好奇地從窗外看出去，竟然有

四、五輛警車停在樓下。他看見管理員很認真地在跟警察核對資料，又好像往自己家看，他立即閃躲到窗戶側邊，他有不好的預感。

不久他就聽見門鈴響起，子皓聽見媽媽開門的聲音。他躲在房間不敢走出去，雙耳緊貼房門，仔細聽著客廳發生的事。

「請問這個網路申請人是你們嗎？」聲音很陌生，應該是警察。

「是我先生。」媽媽回答。

「你們家有就讀大大高中的孩子嗎？」警察繼續追問。

「我兒子，他高二。」媽媽聲音聽起來很疑惑。

「孩子學校最近出事，有炸彈事件，聽說了嗎？」警察用嚴正的態度說明接下來要處理的事件。

「當然，我孩子也很害怕，你們該不會是抓到兇手了吧？」媽媽好奇地反問警察。

「應該是抓到了，請問你兒子在家嗎？」警察也立即回應。

「在啊！你們找他做什麼？他對這件事並不清楚，還是去問老師比較好。」媽媽完全不知道發生什麼事，為何

需要出動這麼多的員警。

「請你孩子出來一下好嗎？」警察不急不徐地問。

「子皓、子皓，出來一下。」媽媽完全不知情地敲著子皓的門。

子皓慢慢打開門，當他看見警察時，他真的嚇死了。警察都還沒問話，他已經忍不住哭出來：「媽媽，對不起，那篇文章是我發的，我因為被老師懲處，覺得不公平，想要教訓一下學校。我發文後就後悔了，怎麼辦？」

媽媽驚訝得不知道如何是好，「你在胡說什麼？怎麼會是你？」

警察這時對他們亮出搜索票，一群警察立即進門，展開搜索。

「可以不要這樣嗎？」媽媽摟著子皓，慌張地哭著向警察求情。

子皓接下來被帶進警局，接受司法調查程序。

「是不是只要沒放炸彈，就不會有事？我真的只是說說而已。」子皓看著承辦員警問道。

「當然不是，有些事可以隨便說說，有些事就是不能拿來開玩笑。」警察製作筆錄，一面提醒子皓。

別以為匿名就什麼都能說！

吉官告訴你

　　網路超好用，想傳遞的訊息，能夠瞬間傳遍全世界。過去沒有網路的時代，就算在街上用廣播車到處宣傳，也難以讓大家都知道消息。

　　然而，正因為網路傳播速度快、影響力強，在網路上發表意見、評價事物或是抒發情感時，都需要特別謹慎。有時一句話，你可能是無意的，但是聽者有心、過度解讀，就可能帶來一連串的麻煩。

　　特別是許多青少年，在現實生活中性格內向、不太敢表達個人意見。在學校遇到困難時，通常選擇沉默，將情緒壓抑在心裡。但他們還是需要發洩的出口，所以這些青少年在網路上的表現可能與實際生活有極大的反差。他們可能會肆無忌憚地攻擊他人，留下許多惡意訊息。因為在網路上無需直接面對他人，感覺較安全，結果就容易做出平日生活中不會有的行為。

• 網路貼文也有法律責任

　　吉官認為，這些青少年在網路上會有極大反差，主要是源於個性因素和缺乏面對面的社交練習。因為沒辦法勇敢表達自己的想法和看法，長期壓抑的情緒就可能會導致內心產生許多「OS」。久而久之，這些被壓抑的情緒可能會尋求其他發洩管道，甚至在受到傷害後產生報復心理。

　　於是，他們在網路上開啟了另一個截然不同的自我，滔滔不絕地發表內心最真實的想法，最後很可能導致失控。很多熟人知道這些人的網路言論後，都會說「非常震驚！」、「怎麼可能？」、「他平常很乖」。

　　但是你知道嗎？一旦在網路上發布恐嚇性言論，例如威脅放置炸彈，或是進行恐怖攻擊等，就算當事人並沒有真的行動，還是會造成社會恐慌、影響公共秩序和他人生活。

　　事實上，警政單位在得知這些訊息後，不論真假，都必須立即啟動調查和「維安機制」。因為這類行為影響的是社會大眾的權益，跟一般針對特定人的傷害不同，造成的危害性非常高。因此，相關的法律責任也會

特別嚴格。青少年們必須清楚認識這一點，務必謹慎使用網路。

💡 給老師的管教小提醒

青少年在國小高年級到中學這段期間，很容易因為師長管教、同學相處而產生許多情緒。這些情緒因每位青少年的個性不同、家庭教養方式各異，而會有不同的表現。

有些學生經過老師勸導，會用有禮貌的態度回應、反省；然而有些情緒起伏較大的學生，當他們面對老師的勸導時，若感覺被誤解或有不舒服感，就很可能採取防衛姿態或是反抗的態度來因應。

在這種情況下，老師可以暫停管教，優先處理學生的情緒。學生可能有許多情緒卻不善表達，或覺得老師誤解了自己；也有可能老師的解讀與學生的想法確實存在差距。雙方釐清事件和緩和情緒都需要時間，越急於快速解決問題，反而越容易激化負面情緒。

如果此時我們再用師對生的權威角色要求學生，學生很可能完全無法體會教師管教的用心，甚至最後可能因為一時衝動或憤怒，做出終生遺憾的行為。

國外有非常多校園槍枝傷害事件，起因都是負面情緒的累積過多，最後導致衝動行事，而演變成校園遺憾事件。因此在教育現場，當老師面對孩子在管教事件中產生強烈情緒反應時，務必緩下腳步，先處理情緒，然後才處理行為。

💬 給家長的教養小叮嚀

孩子在成長過程中，需要適度的教養與引導。父母承擔著重大的責任，一個有禮貌、言行端正的孩子，一定是受到師長和同學喜愛的。相反地，如果過度保護、包庇縱容，當孩子沒辦法意識到自己已經侵犯他人界線，那麼違規和衝突自然會不斷發生。

在孩子學習社會化的過程中，學校是他們首先需要適應的場域。如何遵守班規、校規，並與同學發展適當的人際關係，對孩子而言至關重要，也是很大的考驗。家長應該將孩子這些「社會發展任務」，看得與他的學業同樣重要！因為若孩子缺乏界線感、不尊重他人，並肆意發洩情緒，當他們因此遭受挫折時，往往不清楚自己究竟做錯了什麼，這會給成長帶來更多負面經驗。因此，家長的引導和用心非常關鍵。

當孩子在學校違規時，首先不應該急於斥責（當然也不應該予以否認），應該先聽孩子說說自己做了什麼事、發生了什麼事，並且了解老師的處理方式和背後原因，然後引導孩子進行思考。

　　此時，可以運用換位思考，讓孩子理解老師的做法及目的，並體會同學的反應與感受。如果孩子覺得受到不公平的對待，應該檢視是否表達不清，或是老師有沒有誤解孩子的行為？

　　家長應教導孩子如何澄清誤會，並再次說明自己的動機，促使事件圓滿解決。這樣，孩子才能感受到自己被公平的對待。同時，與孩子討論，未來遇到類似情況時，他應該如何更清楚地表達自己，勇敢面對問題並說明理由。

　　家長也不應在聽到孩子被誤解後，立即介入事件，警告對方或與對方家長理論，這樣做容易因片面理解，徒增情緒，最終讓孩子學到錯誤的解決方式。同樣，直接質問老師或要求道歉，也不是最佳解決方式。

　　家長可能以為是在為孩子爭取公道，但老師只會感到失望，因為他們最需要的是家長的合作，來討論如何

引導孩子的行為與未來發展。問題的爆發常常是表面現象，背後可能隱含孩子在觀念或認知上的問題。

　　如果家長只在乎是非，不探究原因，就會錯失教育契機，最終影響的還是孩子的未來。因此，當孩子在學校因為師生衝突或其他事件被老師管教時，家長的最佳做法是先與老師溝通，了解事情的來龍去脈，然後幫助孩子釐清自己的錯誤或不足，請老師協助、加以管教。

　　家長也應該配合提醒孩子：該道歉時要道歉、該接受懲處時要接受，最重要的是避免再犯。透過家長與學校的合作，幫助孩子在成長階段充實能力，培養正確的人生觀念。

法律小教室

　　子皓的的行為已經觸犯了恐嚇公眾罪與恐嚇危害安全罪，這兩項罪行最高都可被處以兩年有期徒刑。

▶【法條 1】刑法 第 151 條（恐嚇公眾罪）

以加害生命、身體、財產之事恐嚇公眾，致生危害於公安者，處二年以下有期徒刑。

▶【法條 2】刑法 第 305 條（恐嚇危害安全罪）

以加害生命、身體、自由、名譽、財產之事恐嚇他人，致生危害於安全者，處二年以下有期徒刑、拘役或九千元以下罰金。

　　兩個罪的差別在於，「恐嚇公眾罪」是針對不特定人或多數人的恐嚇行為，例如在自己的社群軟體，或是各種社團發表公開貼文，聲稱要大屠殺或是用炸彈攻擊等。而「恐嚇危害安全罪」，是對特定的一個人或數個人的恐嚇行為，例如傳訊息給仇人，聲稱要把他一刀斃命、棄屍校園等。

　　各位青少年在網路上釋出的訊息，只要有以加害生命、身體和財產等恐嚇公眾的行為，導致公眾之中有人心生畏懼，公共安全秩序因此被影

響，「恐嚇公眾罪」就會成立。至於你是否真的想要施行加害計畫，或者你所做的行為有沒有真的危害到公眾，跟會不會成立恐嚇公眾罪沒有關係。因此千萬不要因為一時衝動而觸法，否則不管事後怎麼解釋，也沒有辦法挽回。

06 網路直播把別人家
說成凶宅，說說也不行？

網紅「早安大象」在網路上直播鬼屋開箱的影片，大軍看完後，覺得超級刺激！

　　其實每天放學時，大家總會經過一間圍牆長滿雜草的破房子，高年級學長都說那是鬼屋，曾經發生命案。據說一到半夜就會聽到裡面有人在哭，所以都沒人敢住。大家也因為好奇，常把空瓶子和垃圾丟進圍牆內，結果讓這地方看起來就更可怕了。

　　每次經過這裡，大軍都覺得興奮又懷疑。他想知道，世界上真的有鬼嗎？鬼長怎樣？像人嗎？還是跟動畫裡面的一樣？

　　大軍有意無意跟爸爸問起鬼屋的事：「爸爸，我們校門口直走左轉有一棟大房子，看起來很破舊，誰住裡面？怎麼都不整理啊？」大軍故意避開「鬼屋」的字眼，不然爸爸鐵定會說他瞎扯淡、懶得理他。

　　「我們搬來時，那間房子就沒人住，應該是屋主要養地改建大樓吧！」爸爸看著球賽，隨意回應著。

　　「你見過屋主嗎？我同學都說那是鬼屋。」大軍根本聽不懂「養地」是什麼意思，他其實就是想知道鬼屋的事。

　　「小孩子不要亂講，這世界上哪有鬼？你還小，不要

亂看網路影片亂說，那些都是在蹭流量，很多都是假的，
不要跟著瞎起鬨。」爸爸有點不耐煩地教訓大軍。

影片裡面就說真的有啊！

其實大軍覺得爸爸是大人，當然不怕鬼！說不定爸爸
自己也看過鬼，卻不讓他知道。大人都這樣，自己不怕，
就不好好解釋，這樣誰不好奇？

今天放學時，大軍跟民哲一起走，大軍知道民哲喜歡
研究神祕事件，他也跟民哲討論起影片的事，民哲興奮地
說：「我昨天在網路上看到一支影片，那個『早安大象』竟
然去拍『鬼屋開箱』耶！他最後還有拿香拜拜，說他真的
可以證明那間屋子有鬼。」

一樣看過影片的大軍點頭如搗蒜，然後跟民哲抱怨：
「但是我爸爸說那都是假的。」

大軍這樣講，其實是想聽聽民哲進一步的解釋。民哲
果然沒有讓步：「可是那些『鬼屋開箱』影片裡都有拍到，
像是鬼影、莫名其妙的聲音、好好的機器會突然出狀況什
麼的，這些都可以證明，鬼屋裡有鬼！」民哲說的就像他
也在現場一樣。

還好有像民哲這樣的人跟他想法一樣，大軍決定要針對這個問題做更多研究！

　　他開始在網路搜尋相關的訊息，自己看影片挖掘真相。果然影片越看，他就越相信世界上真的有鬼。不過，大概也因為看了太多鬼屋開箱的影片，大軍變得膽小又敏感。他不敢單獨去廁所，如果有人突然從背後拍他一下，大軍還會嚇到尖叫，最後甚至已經到了不敢一個人睡覺的情況。

　　爸媽都覺得很奇怪，大軍怎麼突然出現這種退縮行為，變得那麼幼稚。直到網紅到國外拍恐怖開箱事件時，大軍才發現，原來以前自己相信的事情，根本是一場騙局而已。

自導自演踢鐵板

　　「早安大象」在寒假期間預告，要到國外開箱一個神祕的國家，那個國家以詐欺、傷害、迫害人民新聞而聞名，聽說當地連軍人都會亂打人，還會把人抓去摘除器官，聽起來就很恐怖。大軍知道「早安大象」要去冒險，身為粉絲的他當然非常期待。聊天室裡的大家聊得超級熱

烈，彷彿所有的神祕面紗都將被揭開。民哲也說這位網紅好厲害，如果沒有他，世界很多事情都會被隱瞞。

果然，「早安大象」在影片裡面遭遇各種事件，被追逐、衣服被撕得破破爛爛，甚至頭髮也被剃得亂七八糟。這些影片上傳後，讓大軍真為他捏一把冷汗，既希望「早安大象」天天更新，也擔心他被軍人抓。

但是幾天後，事件突然大翻轉。新聞報導說，「早安大象」被當地政府逮捕，因為他嚴重傷害該國的名譽，所以還被判刑、罰錢。原來「早安大象」的影片根本從頭到尾都是假的，當地警方還在他住的地方搜出鬼娃娃面具、假血、假槍等拍攝影片的道具。

大軍突然想起爸爸說的：「那些都是在蹭流量，很多都是假的，不要跟著瞎起鬨。」他心裡想，不曉得「早安大象」之前那些開箱，是不是也違反臺灣法律了？

資訊時代一定要學會網路識讀！

現今青少年接觸到的訊息來源管道多，不再只限於父母的教導或老師的引導。隨著網路普及，只要上網，誰都能查詢到各式各樣的訊息。現今問題不在於獲得資訊多少，而在於怎麼辨別這些資訊的真實性與可靠性。

吉官在法院處理少年觸法事件時，常聽到青少年這樣說：「很多人都這樣，也沒事！」、「網路說這樣沒關係！」、「XX 網紅說這些事情是無害的！」、「我查過網路，結果是正確的。」

一些明顯違法的行為，居然被青少年認為是合法的或無害的！

• 網路寫的就一定對嗎？

吉官知道，許多青少年會上網搜尋相關資訊用來充實自己的常識。然而，由於網路提供知識的來源並非全然正確，當青少年發現某些情況可能涉及違法或危害他人時，最好的方式仍然是向家長或老師請教。

青少年不向家長或老師求助原因有幾個：一方面，他們可能意識到自己的想法有問題，害怕被責罵；另一方面，也擔心家長因為忙碌而無暇協助。

警察不可能看完網路上的每一則訊息，他們大多數都是依賴檢舉來介入調查。司法的原則是不告不理，如果沒有受害人提告，或沒有明顯破壞社會秩序的行為，警方難以介入偵查。

• 他被告了，只是你不知道

實際上，確實有些假影片因為被害人提告而進入法律程序。例如，有人誤稱某處房子為鬼屋，導致房子賣不出去，這就損害了屋主的權利，屋主因此而提告。

也有網紅闖入某空屋，聲稱該房子是鬼屋，並在裡面燒紙錢，說要超渡亡靈。最終，這名網紅也被屋主提告並移送法辦。這類觸法行為並非個例，而是網路資訊氾濫所導致的亂象。

然而，這些案件可能沒有被媒體報導，即使網紅被判有罪，只要粉絲不知情，網紅可能仍會繼續發布類似的內容，繼續追求流量與商業利益。現在許多訂閱人數破萬的網紅，都曾涉及詐欺或觸法行為。這也反映出網

路上的資訊混亂，真假難辨。因此相關行為是不是會觸法，青少年自己也要格外謹慎。

💡 給老師的管教小提醒

老師可以發現，校園現場很多「直播主」，小小年紀已經開始在經營自己的頻道，學生之間彼此影響，也都在拍影片、發展主題，甚至比點閱率、比流量。老師此時務必留意，要讓家長知悉這些狀況，因為這些影片的拍攝地點經常是在家裡，甚至是孩子的房間內。孩子的個人隱私遭曝光，但是他們毫不在意。

許多孩子為了點閱率、訂閱率，或是為了比觀看數、比人氣，常常無所不用其極，例如號稱要從高處跳下來吸引直播觀看人數，甚至也有青少年因為觀看數突然降低而自殺。這些比較、過度看重網路流量的行為，都在傷害青少年的身心健康，教師務必要留意提醒並協助輔導。

💬 給家長的教養小叮嚀

孩子觀看短影音、拍攝影片，甚至成立自有頻道，家長可能知情，也可能不知情。實務上，許多家長並不

同意，但也不曉得孩子正在擔任直播主。

　　曾有孩子因為喜愛跑酷影片，竟模仿影片情節，試圖在高樓間進行跨棟跳躍，結果發生了意外。這些影片看起來很驚險，但實際上可能使用了特效或替身演員。孩子對此毫不知情，卻模仿挑戰這些不可能的任務，最終釀成終身遺憾。

　　吉官希望家長在新世代的教養中，切勿用過往想法限制孩子，要以開放態度和孩子溝通討論。如果孩子想經營頻道，首要的任務是學會自我保護，再來討論怎麼做。

　　在確保安全優先並遵守法律的基礎上發展，只要不妨害兒少的身心健康，鼓勵孩子嘗試是沒問題的。這樣的過程也可能啟發孩子的創意，讓他們發展出自己的優勢。只有家長把關，才能夠有效避免孩子曝露在危險中，或因為無知而付出代價。

法律小教室

　　侵入他人住宅去探險、拍攝，會觸犯「侵入住宅罪」；指稱他人的住宅是鬼屋、凶宅，也會觸犯「妨礙名譽罪」。

▶【法條1】刑法 第306條

1. 無故侵入他人住宅、建築物或附連圍繞之土地或船艦者，處一年以下有期徒刑、拘役或九千元以下罰金。
2. 無故隱匿其內，或受退去之要求而仍留滯者，亦同。

▶【法條2】刑法 第310條

1. 意圖散布於眾，而指摘或傳述足以毀損他人名譽之事者，為誹謗罪，處一年以下有期徒刑、拘役或一萬五千元以下罰金。
2. 散布文字、圖畫犯前項之罪者，處二年以下有期徒刑、拘役或三萬元以下罰金。
3. 對於所誹謗之事，能證明其為真實者，不罰。但涉於私德而與公共利益無關者，不在此限。

　　至於跑到空屋燒紙錢，甚至還會觸犯公共危險罪哦！

　　曾經有四位網紅帶著攝影師，大半夜跑到樂生療養院的舊院區，把那邊當成「廢棄醫院、鬼

屋」闖入探險，還在裡面點蠟燭、玩起都市傳說「四角遊戲」，之後又把影片上傳至網路。樂生療養院發現後，認為四個人跑去歷史文化資產裡面點蠟燭、玩遊戲，說不定會引起火災或模仿，因此報警並提告處理。後來新北地檢署便依「無故侵入他人建築物罪」起訴這四人。所以，大家別以為網紅都在做就不會有事，千萬不要學習或跟風亂起鬨。

07 網路揪趴，同學卻死在現場，怎麼會這樣？

兩位青少女裸身陳屍汽車旅館，同行男性正在追緝中。

最近筱珮突然被邀進一個名為「釣魚」的 LINE 群，自己究竟是怎麼加入的，筱珮也不太記得了，因為自己參與的社團太多了，可能是社團內的同好又進一步邀請吧！反正這個名為釣魚的群組，根本沒有真的在釣魚。群內大約一千多人，完全沒主題，就是天南地北瞎聊，不管講什麼，都有人會回應。就算是隨便起個頭，大家都能聊成一團，可以稱得上是「很鐵」的群！

　　筱珮幾乎都在群裡潛水，裡面有人談衣服、聊化妝，感情、把妹、吸毒、賺錢，什麼都有，甚至想要找人裝潢也可以問，真是生活大小事，萬事皆可問。所以筱珮就把這個群當作實用多元的論壇，時不時關注一下。

　　昨天在群組，筱珮不小心留個言，就被標記加好友私訊了。

　　言言：最近日子很無聊，有沒有什麼刺激的，可以喚醒我的靈魂啊？有的話要揪一下。

　　山本哥哥：天天有，就看你敢不敢。

　　言言：我吃得很重鹹，你確定可以滿足我嗎？

　　山本哥哥：我的菜味道都很重，你敢來我就敢招待。

筱珮其實看不懂，這是什麼意思？是討論活動還是美食嗎？說得這麼隱晦，誰看得懂？還是群裡有什麼潛規則？好像不管什麼暗號，都有人能讀懂。管他的，多看多聽，應該不會怎樣。

筱珮後來也把芸芳、恩恩都一起加入群組，只要是山本哥哥的發言，都會引起她們三位的興趣。三人熱烈討論得出的結論就是，山本應該是玩咖！如果有機會，可以跟他去長長見識。

敢玩敢衝，不要只敢嘴砲啦！

這天一大早，芸芳非常激動地把二人拉到旁邊，「昨天山本私訊我了！」

「還不是你太敢說，誇口有趴就去，難怪他會找你。」恩恩在一旁回應。

「你知道他跟我說什麼嗎？」芸芳故作神祕。

「不會是說要出去狂歡吧？他就只會嘴砲。」筱珮已經摸清山本的模式，她猜這次大概也是一樣。

「你很不會講話，你以為他揪的趴是每個人都有機會去的嗎？」芸芳這句話說得頗為神氣，「跟你們說，他知

道我是女生，猜我長得漂亮，也覺得我很敢玩，需要經驗、長見識。所以他要我找朋友一起去，最好是兩個人，比較有伴，你們說我該去嗎？」芸芳沉浸在自己的幻想與期待中。

「不好吧！我們才國一，他會想跟我們玩嗎？他是大人吧？」筱珮提出自己的疑慮和想法。

「他也知道我們未成年，他說群組裡有很多未成年人在潛水，他都知道。他說他最欣賞的，就是還沒被定型的青少年，敢玩敢衝，不像大人只是講講，沒搞頭！」芸芳把自己知道的情報和好友分享。

「不要啦！我覺得聽起來有點危險。」筱珮不相信芸芳的判斷。

「恩恩你呢？要去嗎？還是跟筱珮一樣膽小？」芸芳態度有點挑釁。

「我應該可以，只是我沒有參加過，又不認識他們，這樣好嗎？」恩恩倒是頗感興趣。

「那這樣，我跟山本約時間，若確定再通知你。筱珮不去不後悔嗎？」芸芳挑起眉毛望向筱珮，既像是炫耀，又像是激將法。

「我覺得還是問一下大人，或是有經驗的人吧？感覺有一點可怕。」筱珮想阻止她倆。

　　「沒戲！」沒想到芸芳和恩恩沒理她，揮一揮手，兩人搖搖頭就走了。

　　筱珮常聽說，大人如果壓力大，也會開個轟趴，但是未成年就是不能去。要說壓力的話，大人小孩都有，為何小孩不能紓壓？她其實也很想參與，只是無法放心，這種未知的活動，會不會有什麼危險？她不知道該如何阻止兩位好友；也擔心自己不去就會錯過精彩的體驗。

　　幾天後，筱珮看見兩位同學神神祕祕，好像在說星期五晚上要集合一起前往。她們相互跟對方父母說謊，作偽證說是要去對方家。筱珮其實有點心動，但是覺得還是等周一再問情況，也許下次就可以放心參加，不用隱瞞父母。

出現在即時新聞上的是我同學

　　沒想到星期天一早，筱珮突然聽到爸媽談論著剛剛出現的即時新聞：「兩位青少年裸身陳屍汽車旅館，被發現時已經死亡，警方正在追緝當晚一同前往的男性……」

　　「聽說是住附近的國中生，現在家長群組整個炸鍋了

……」筱珮爸爸擔心地說。

「現在孩子都不知道在想什麼，這種活動很危險，不跟大人報備就去參加，發生這樣的事，他們的父母該多痛心……」筱珮媽媽說著說著，眼裡都泛淚了。

筱珮這時才覺得好像有點不對勁，她打開電視看即時新聞，看見打馬賽克的屍體，雖然模樣不清楚，但那應該就是……芸芳和恩恩！筱珮嚇得不知如何是好，眼淚不停地流下來。

「怎麼辦，她倆怎麼會這樣？我們未來還要一起畢業、一起去國外旅行，究竟發生了什麼事？山本呢？」筱珮非常崩潰，卻不敢跟爸媽說。

幾天後，新聞說找到嫌犯了，當事人是一位 45 歲的成年人，有多項前科紀錄，目前正在假釋期間。筱珮知道新聞講的那個人應該就是山本哥哥，這跟她們當初猜測的完全不一樣。

幾天後的周會，生教組長在講臺上向全校證實這個令人難過的消息：「全校同學注意，上周本校兩位學生，因為網路交友不慎，發生不幸事件，兩人被發現時已經沒有生命跡象。警方過過這幾天的調查，發現可能是和網友開

趴，使用了成分複雜的毒品有關。兩位同學是中毒身亡，主嫌雖然已經被收押，但是悲劇卻不能挽回。希望各位同學，未來都要小心網路上的活動，不要任意相信網友的邀約。如果有疑慮，請你們找老師，老師會跟你討論，協助大家辨識危機。讓我們一起為兩位同學默哀。」

組長說完，班上的同學都痛哭失聲，連導師都忍不住流眼淚。筱珮更是痛哭失聲，「早知道就極力阻止她們，我真的好後悔！」

刺激好玩？
其實有代價！

吉官告訴你

　　大人也許不知道，網路上有許多青少年會參與各式各樣的危險遊戲。這些遊戲沒有極限，玩很大、玩很野，主題完全不設限，又充滿不確定性，隨時會有新情況出現，對很多青少年來說當然好玩又刺激。

• 好玩但其實也好危險

　　不少人利用青少年的好奇心和高配合度，以活動形式邀約他們參加，藉此達到自己的目的。表面上說是為了讓參與遊戲的人都能抒壓，實際上卻是為了滿足某些人的不當需求。

　　這類活動常被濫用，甚至被利用來進行非法行為，例如吸毒、賭博、酗酒和性交易等。這些風險通常事前難以察覺，等青少年遇到時，可能已經發生悲劇。有人被性侵、被毆打，或是在派對上吸食過量毒品，更有人因此喪命。

　　青少年往往難以區分正常活動與危險活動，因此，

最好的方式是與家長討論，了解邀約者的身分、目的、活動內容、地點和參與成員等細節。青少年務必提高警惕，謹慎行事。

💡 給老師的管教小提醒

　　青少年遭遇的危險或危機行為，經常源自同班學生的分享。這些事情因為危險，同學間講義氣當然不會告訴老師，但相互流傳時，也很難被完全隱匿。

　　少年法庭在處理少年事件的過程中，常常發現學生的違法行為，例如攜帶刀械。事後詢問時，往往有學生表示曾多次目睹，卻未主動告知老師。

　　除了違法行為外，同學間的親密行為如交往、親吻、擁抱，甚至發生性行為等，也常有同學早已目睹兩人間的親暱互動。其他如毒品咖啡包、幫派和打架等問題，也往往在私下醞釀危機。

　　如果師長能早期介入，一定能降低潛在的傷害。因此教師在班級經營中，應鼓勵同學互相幫助，也讓有勇氣的學生擔任「吹哨者」角色。不過實務上一定要有技巧，否則大部分的學生都不願意被當作「抓耙子」。

青少年乍聽之下可能會覺得「講義氣」很重要，但等到意外發生後，更多學生會後悔沒有及時告知老師真相。因此，老師如何在班上建構信任制度，並有效處理相關情況、避免學生遭受排擠，都需要相當的智慧。

💬 給家長的教養小叮嚀

青春期的孩子確實很不好管，脫序與失控行為也不時可見。然而，如果孩子願意主動與父母交談、討論，很多潛在的傷害都能避免。因此，孩子青春期的時候，親子之間如何相處非常關鍵。

良好的親子互動完全奠基於親子關係是否信任、溝通、尊重、包容與接納。好的關係需要長期的情感累積，從孩子出生，父母就需要有正確作為，愛孩子、照顧他、給他安全感。每一個階段，都要因著孩子成長而調整，到國小階段則要教育他、了解他，這些都需要花費時間、耐心和愛心，甚至可能要犧牲父母的休息時間。雖然聽起來很累、很辛苦，但這種付出絕對有價值。孩子的成長只有一次，孩子終有一天會離開父母獨立生活，因此父母要在孩子成長的關鍵時刻，好好的付出和愛他們。

在兒童時期投入大量心力陪伴，保持頻繁的親子互動，將為日後的關係打下良好基礎。等到孩子進入青春期後，他們更可能願意與父母分享他們的喜怒哀樂。

在孩子感到孤單、煩躁、自我懷疑，或情緒起伏不定時，希望家長都能正確因應和陪伴，避免衝突，保持包容和接納。溫和而堅定地告知界限，並且要避免在孩子情緒最激動時處理問題。

透過這些努力，家長肯定能協助孩子度過危機。一旦渡過這個考驗期，孩子成年後，父母就能看著他們穩定地邁向人生的下一個階段和目標。屆時，這些努力不會白費的，加油！

法律小教室

開趴時，有人身體不適，大家一哄而散，沒人協助就醫，致使對方失去生命，事後有法律責任嗎？

刑法上的遺棄罪分為「無義務者之遺棄罪」及「違背義務之遺棄罪」，兩者差別在於：行為人與被遺棄者間，是否有義務關係存在。朋友之間通常不存在法定的照顧義務關係，因此屬於「無義務者」。但如果朋友確實處於無法自救的狀態，那麼這種遺棄行為一樣可能構成犯罪。

▶【法條1】刑法 第 293 條（無義務者之遺棄罪）

1. 遺棄無自救力之人者，處六月以下有期徒刑、拘役或三千元以下罰金。
2. 因而致人於死者，處五年以下有期徒刑；致重傷者，處三年以下有期徒刑。

▶【法條2】刑法 第 294 條（違背義務之遺棄罪）

1. 對於無自救力之人，依法令或契約應扶助、養育或保護而遺棄之，或不為其生存所必要之扶助、養育或保護者，處六月以上、五年以下有期徒刑。
2. 因而致人於死者，處無期徒刑或七年以上有期徒刑；致重傷者，處三年以上十年以下有期徒刑。

如果有人不適，現場其他人反對報警送醫，將朋友遺棄在活動現場，致使朋友最後死亡，可能會觸犯過失致死罪。

▶【法條 3】刑法 第 276 條

因過失致人於死者，處五年以下有期徒刑、拘役或五十萬元以下罰金。

如果活動期間被逼迫吸毒，而吸食者明知是毒品，本來不想施用，但經人勸說、誘惑而施用，在法律上就構成「引誘」。因為毒品本身有成癮性、濫用性及對社會的危害性，因此會有不同程度的處罰規定。

此外，若是成年人勸說、誘惑未成年人施用毒品，依毒品危害防制條例第 9 條第 1 項規定，將加重刑責至二分之一。

▶【法條 4】毒品危害防制條例 第 9 條

1. 成年人對未成年人販賣毒品或犯前三條之罪者，依各該條項規定加重其刑至二分之一。
2. 明知為懷胎婦女而對之販賣毒品或犯前三條之罪者，亦同。
3. 犯前五條之罪而混合二種以上之毒品者，適用其中最高級別毒品之法定刑，並加重其刑至二分之一。

08 朋友用我的帳號買東西，
我卻被告詐欺？

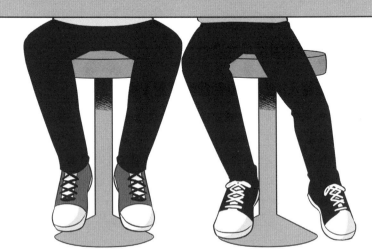

東旭的父母幫他申請了網路的購物帳號，他用這個帳號購買了許多文具和玩具，價格都很實惠。而且東旭也很厲害，還知道怎麼比價後再下單，所以經常拿到各種贈品和折扣。

　　皓文最近正好想買一組寶可夢卡牌，因為價格太貴，他遲遲無法下手，於是他想到最會購物的東旭。他利用下課時間找東旭幫忙，看有沒有辦法買到最低價。

　　「你最近還有在網購嗎？」皓文好奇地問東旭。

　　「當然，一定要的！又便宜又方便，也不用跑實體店面就能比價，超讚！」東旭跟大家講了無數次網購的優點，這次他還是不厭其煩地推薦。

　　「那可以用你的帳號幫我買東西嗎？」皓文問道。

　　「蛤？你要買什麼？怎麼不請你爸媽幫你申請帳號啊？」東旭好奇地問。

　　「不可能，我爸媽才不會同意！他們很反對我上網，連遊戲都不准我玩，更別想自己網購。」皓文無奈地說明自己的處境。

　　「那我怎麼幫你？」

　　「你可以幫我下單，到時候我自己取貨付款，這樣好

嗎？」皓文興奮地說，這事情他計劃很久了。

「嗯，我想想，應該是沒差，好像可以。」東旭心想，反正到時候是皓文付錢取貨，幫一下沒關係。

「放學後我們去便利商店，我手機借你操作，你到時候準備錢和取貨就好了。」

我現在拿不出錢

沒想到東旭的舉手之勞，在之後引起一場糾紛。

放學後，兩人一陣手忙腳亂才下好訂單，東旭一看，皓文買的東西居然要 6 千多元，他笑著問皓文：「你怎麼這麼有錢？」

「那是我存了很多年的壓歲錢，我打算領出來，買我最愛的卡牌。其中還有幾款限量版，我想要超久了。」皓文急忙解釋，那是他僅有的積蓄。

幾天後貨到了，東旭通知皓文。他以為皓文會去取貨，沒想到再過了幾天，他突然接到賣家的私訊。

「請問會去取貨嗎？我事先已經在網頁聲明，這些都是下單後向日本進貨的，不能退，一定要取貨。如未取貨我會給你負評，並且告你詐欺！」賣家的訊息嚇到東旭。

「抱歉抱歉！我其實也是幫人買的，朋友可能有事，麻煩再等一、兩天！抱歉，一定會取貨啦！」東旭趕忙澄清，他害怕引起糾紛，爸媽最後會取消他的帳戶。

隔天到校，他一早就拉著皓文到走廊逼問他：「你怎麼還沒取貨？你害慘我了，賣家說要告我詐欺，你快去取貨好嗎？」

皓文這時才面有難色地說：「不好意思，我銀行的錢領不出來……我爸媽說那些錢要等我 18 歲成年才能用，現在不可以領，我怎麼求都沒辦法！」

「什麼？你想害死我啊？那現在怎麼辦？賣家要告我，你非取貨不可！」東旭整個怒火中燒。

「那你跟賣家說要退貨，可以吧？」皓文天真地問。

「你不知道你下的單不能取消嗎？人家在網頁都有先註明，因為要跟日本訂貨，下單前想清楚，現在你要自己負責處理！」東旭擔心皓文甩鍋，趕快提醒他事情的嚴重性。

「我沒辦法付款，不然你先付款，我以後還你錢？」皓文一派輕鬆。

「我沒錢！況且一開始是你要我幫你下單，現在卻甩鍋給我？我告訴你，你去跟你爸媽講，要他們出來處理，不

然最後你會被告。我只是幫你下單，東西不是我要買的！」

東旭已經嚴正地警告皓文，但是幾天後，網路賣家還是對他下了最後通牒。原來，皓文根本直接擺爛，於是東旭把前因後果全部報告給老師。老師立刻找來皓文詢問。結果皓文的回應，讓東旭差點活活氣死！

明明是你買的還賴給我

「老師，我沒有叫東旭下單，是他自己要買的。」皓文竟然睜眼說瞎話。

東旭生氣地辯駁：「你說謊！明明是你借我的手機帳號下單！那天就我們兩個在便利商店，你因為爸媽不幫你申請帳號，所以拜託我幫你買。我好心幫你，結果現在反過來害我，你這個小人！」

他沒想到皓文會背叛自己，真是看清楚他的為人了。問題是皓文否認，雙方說法不一致，涉及的金額又高，老師表示要請家長來學校處理。

雙方家長到場後，老師說明情況。皓文媽媽聽完，轉身問皓文：「是你下單的嗎？」

「我沒有！我沒錢，也不會下單。」皓文低頭說道。

「他騙人！賴皮鬼！我幫他忙，他竟然嫁禍我！」東旭氣得大叫。

「不要衝動，也不要罵人！皓文不會說謊，他沒錢不會做這種事。」皓文媽媽幫忙釐清。

東旭發現皓文媽媽幫著自己兒子說話，更生氣了。

「東旭，是你下單的嗎？你怎麼能幫同學買東西？我不是說過只能用來買自己的東西嗎？你是不是真的要害同學？」東旭爸爸不知道究竟是誰說謊。

「爸爸，真的不是我，我是被皓文害的，他說要用我的帳號下單，也說會去付款取貨，結果他一直不取貨，現在賣家已經去報警了，如果我被告詐欺，都是皓文害的。」東旭哭著看著皓文，皓文完全不敢看他。

「這樣後續看家長要如何處置，孩子的事，家長都須連帶負責。」老師向雙方家長說明。

「東旭爸爸，我相信皓文不會這樣做，東旭是不是說謊？你再問他看看。」皓文媽媽擺明把問題丟回給東旭。

「沒關係，賣家都提告了，就交給法院處理，孩子間也有可能互相借用帳號購物，畢竟東旭使用網路購物從來沒有出現過這種問題，我相信他。」東旭爸爸仔細想想，

覺得東旭說的應該是實話。

「皓文，你還不承認！等我到警局證明是你買的，我一定告你，讓你付出代價！」東旭對著低頭的皓文，提出最後通牒。

最後皓文還是什麼都沒說，於是整起案件進入法院審理。在法官的調查與審理下，調閱了當天的便利商店監視器，果然看見下單當時，就是皓文拿著東旭的手機操作，影像可以證明是皓文借用東旭手機下單，因此皓文需負擔後續的取貨、付款責任，否則就可能觸犯詐欺罪。

在法庭上，東旭對法官說：「他說謊甩鍋給我，我要告他，可以嗎？」

享受便利也要懂得避免風險！

吉官告訴你

隨著科技進步，網購已成為許多人的購物首選，便利、划算、選擇多樣，讓人難以抗拒。然而，在這看似美好的網購世界裡，卻暗藏著不少風險。近來校園出現的代購、團購和網路交易等消費糾紛，正是一個警訊。

• 使用之前更要先理解風險

此案例裡的糾紛，正是青少年網購可能遇到的典型問題。借用他人帳號、輕率下單、無力付款、推卸責任，每一步都可能釀成嚴重後果。這不僅影響同學間的友誼，更可能觸犯法律，造成無法挽回的損失。

身為新世代的青少年，吉官並不是主張大家「都不可以網購」，而是應該明白自己的行為需要負的責任。網購也是一種契約，首先應該有父母的同意，下單前也應該仔細閱讀商品說明，包含商家的退換貨政策。最重要的是，要對自己的行為負責，不要輕易答應幫人代購或出借帳號。

學生間的交易糾紛一直都有，但隨著網購興起，問題更加複雜。價錢小的，或許同學還願意接受損失，但一旦涉及高價商品，後果可能更加嚴重。因此，在享受網購便利的同時，青少年更要謹慎行事，培養負責任的消費態度。

💡 給老師的管教小提醒

許多老師都曾遇到班上同學間的財務糾紛，且這種情況越來越難處理。學生私下訂定買賣契約或口頭承諾交易，常常引發一連串問題，例如交貨遲延、貨品瑕疵、違約而未完成交易等。

這些問題即使在成年人間也很難處理，更何況是未成年人間的交易。由於年齡因素，未成年人間的契約行為效力本身就存在不確定性，使得相關糾紛更加複雜。

學校和老師在處理這類問題時都會覺得棘手，面對這種情況，建議老師採取以下措施：明確禁止，要求同學不可有私下交易買賣行為。若學生確實需要進行交易，務必要求經過家長同意和確認，並且向學生詳細說明相關規定和可能的法律後果，以免後續的違法糾紛。家長也涉及相關連帶責任，務必請家長出面協調。

給家長的教養小叮嚀

　　許多家長為了讓孩子購物方便，會為他們辦理獨立的帳號，讓孩子自由使用。然而，這種看似便利的做法其實潛藏著諸多風險。萬一孩子藉此購買各種危險或違禁品，例如刀械和毒品；或是管制物品，例如笑氣和電子煙等，家長豈能放任？

　　這些交易經常發生於網路，因此家長千萬不要單純認為小孩方便就好，事實上，這些潛在的危機可能遠超出家長的想像。

法律小教室

依據民法對未成年人的規定，只要滿 7 歲以上就有「有限制的行為能力」，但在 18 歲成年之前，想要跟買賣物品，仍需家長的同意和允許。

▶【法條 1】民法 第 12 條

滿十八歲為成年。

▶【法條 2】民法 第 13 條

1. 未滿七歲之未成年人，無行為能力。
2. 滿七歲以上之未成年人，有限制行為能力。

▶【法條 3】民法 第 75 條

無行為能力人之意思表示，無效；雖非無行為能力人，而其意思表示，係在無意識或精神錯亂中所為者亦同。

▶【法條 4】民法 第 76 條

無行為能力人由法定代理人代為意思表示，並代受意思表示。

▶【法條 5】民法 第 77 條

限制行為能力人為意思表示及受意思表示，應得法定代理人之允許。但純獲法律上利益，或依其年齡及身分、日常生活所必需者，不在此限。

如果要跟 7 ～ 18 歲的青少年進行交易，也要

有家長同意，才算是契約有效，否則要是家長反對，這個契約也會失效。

　　這個案例裡，家長申請帳號給孩子使用，看起來好像沒問題，關鍵是因為東旭的家長買單。但要是東旭出借帳號、違背父母的意思，那這樣的交易就屬於「效力未定」。只是因為當時帳戶上的申請人是父母，賣家不知情，所以交易還是成立，因此東旭的購物結果，父母親都要負責。

▶【法條 6】民法 第 78 條
限制行為能力人未得法定代理人之允許，所為之單獨行為，無效。

▶【法條 7】民法 第 79 條
限制行為能力人未得法定代理人之允許，所訂立之契約，須經法定代理人之承認，始生效力。

　　但是在網路時代，父母親最好還是不要貿然同意讓孩子自己進行網路購物。每一筆交易都要由親子共同決定，這樣既能傳遞家庭的理財觀念，也不會衍生交易糾紛，當然孩子更不會私下出借帳號，惹出更複雜的問題。

這個案例還有一個地方需要注意的，就是皓文說謊。在法庭上作為證人的皓文，如果還做了不實的陳述，影響法官判決，就有可能觸犯「偽證罪」。

▶【法條 8】刑法 第 168 條

於執行審判職務之公署審判時或於檢察官偵查時，證人、鑑定人、通譯於案情有重要關係之事項，供前或供後具結，而為虛偽陳述者，處七年以下有期徒刑。

權益我自己爭取，
有很過分嗎？

毒品與暴力

09 網紅也在抽大麻，我應該也可以抽吧？

早上到校，同學都在討論昨天的震撼新聞：「知名網紅家中遭警方搜索，查出大麻菸草 0.8 公克。網紅到地檢署接受驗尿，聲稱自己剛從荷蘭返國，不小心帶回臺灣。」

　　志超問子謙：「COCO 每次拍片都很用心，他看起來很陽光，完全不像有吸毒的樣子耶！你覺得新聞是真的嗎？」志超邊問邊滑手機。

　　「都被抓了，應該是真的吧？但是好奇怪，老師不是都說，吸毒的人看起來會像骷髏人，可是 COCO 身材超健美，哪有像老師說的那樣？」子謙也納悶地回應。

網紅那麼健康，抽大麻肯定沒事？

　　「對啊！之前少年警察隊的警官來反毒宣導，還說會需要包尿布、臉色蠟黃，看起來就像快死了一樣！可是你看看這些網紅，每個都是人生勝利組！而且他們也說這些在國外都合法，對身體不會怎樣。所以警察和老師是不是在嚇唬我們啊？」志超開始「柯南式」分析。

　　「說不定他私下長相跟網路的影片看起來不一樣，還是根本是後製過的？誰會給你看自己吸毒後的樣子？」子謙好像不是很同意志超的分析。

「但你相信 COCO 會吸毒嗎？」志超無奈地說完就進教室了。看起來志超真的很不願意相信 COCO 會吸毒。在他心裡，施用毒品是成為社會邊緣人的恐怖下場，對於一位自信、有成就的人，幹麼要吸毒害自己？說不定根本是警察亂抓人，還是被有心人栽贓？志超心裡有太多的問號了！

當天放學，志超回家，發現二樓張伯伯家外面圍了一大群人，鄰居們鬧哄哄地不知道在討論什麼，他看見張阿姨好像在一旁哭泣。

「太可怕了，你們家『櫻木』居然倒在車道口，差一點被我家的車輾到。」五樓的林阿姨聲音高亢地說。

「遠遠看，我還沒看出來是人，若不是我急煞，今天可能就出人命了。」林阿姨的先生還在驚嚇中，差點在自家的車道出車禍，要是鬧出人命就不得了了。

「不好意思、讓大家受累！我們的孩子最近有點狀況！不好意思，驚擾各位鄰居。」道歉的張伯伯有一個正在念高二的兒子，大家都叫他「櫻木花道」，因為他籃球打得好，還是明星學校的學生。

救護車來了之後，櫻木被送上救護車，張伯伯和張阿姨也跟上去。救護車離開後，櫻木的爺爺還在門口擦眼

淚，大家趕緊安慰張爺爺，七嘴八舌地跟張爺爺打聽究竟是怎麼回事。

後來志超從張爺爺跟爸媽那邊，拼湊了整件事情的來龍去脈。

以為是中邪，結果是成癮

櫻木今年暑假跟著籃球隊的學長和同學，一起去泰國自助旅行。他回國後就開始出現一些奇怪的行為，到今天出事前，家人都不相信，一個好好的孩子怎麼出去玩一趟回來，就說變就變，他在泰國到底發生了什麼事？櫻木回臺後先是恍神和失眠，然後開始出現喃喃自語的情況，身體還會不自覺地抖動，有時候更會突然暴怒。

張媽媽以為櫻木是中邪或是被下蠱，到廟裡拜拜還給他喝符水、也帶他去做法事。後來張爸爸找到其他同行的學長和同學，才知道櫻木跟他們在泰國做了不該做的事。

原來是泰國近年來開放「娛樂用大麻」，因此在特定區域會販售大麻產品，像是大麻飲料、大麻糖果和大麻精油，還有大麻成分的面膜及餅乾，甚至有使用大麻菸草的商店。

這一路上，櫻木在同學和好奇心的誘惑下，不但嘗試抽了大麻菸，還使用了各式各樣的大麻商品。

　　這都是因為學長說：「境外吸毒，不算吸毒，不是犯罪。」、「盡量吸，回臺灣就沒機會了。」、「沒試過怎麼知道會不會怎樣？」

　　櫻木大概覺得，人生要有冒險才有成長。況且學長都說了，只要回臺灣不要吸就沒事。結果在泰國的那十天，他幾乎天天都在使用大麻。

　　櫻木回國後，很快就發現自己跟以前不一樣。起初他以為只是時差問題，但上課時總是昏昏欲睡、精神不濟，眼淚會不由自主的流下來。而且心情上也發生變化，他常常感到情緒低落，好幾天都沒去練球，做什麼事都提不起勁。

　　櫻木覺得自己不對勁，他開始懷疑，是因為自己在泰國吸食了大麻嗎？不會吧！當時大家都說偶爾使用沒關係的……不過他不太願意相信是因為大麻的關係。況且學長都說了，那是娛樂用的，不會怎樣，自己現在的狀況，肯定只是「收假症候群」吧？

　　幾天後，教練和球友都提醒櫻木「下星期聯賽，你是先發球員，好久沒來團練了！趕快找時間來練習！」

櫻木勉強答應，但他知道自己的狀態可能不是太好。他在幾百人的瞎聊群組裡發問：「請問有提神和讓人心情變好的東西嗎？」

這時一個名叫「小K」的人私訊櫻木。

小K：你不是臥底警察吧？

櫻木：我是學生啦！

小K：我想也是，你最近去泰國我就有關注你，是不是已經嘗到甜頭了？

櫻木：我需要幫忙！

小K：大麻、咖啡包、煙彈還是K？

其實櫻木完全不知道小K說的其他東西是什麼，反正他自己知道自己要的就是大麻。

櫻木：大麻跟泰國的一樣，無害的嗎？

小K：當然！

櫻木：怎麼算錢？

小K：你有多少？

櫻木：我只有 3000。

小 K：就 3000，但是要面交，怕你賣了我。

櫻木：不會的！

就這樣，櫻木跟對方確認後，在便利商店跟一位不認識的女生交易。他不想管小 K 是誰，他只知道自己必須趕快恢復活力，才能上場得分。

沒想到解決一次問題後，後來櫻木越來越需要這個東西幫忙。就這樣，櫻木的生活開始失序，等櫻木的家人發現櫻木的情況不對時，事情已經難以處理。他每次發作，都鬧到全家雞犬不寧，這次失控跳樓，才會倒在車道門口。

張家人也不知道，等櫻木出院回來後，接下來到底該怎麼辦？

境外吸毒真的無害嗎？志超聽了櫻木的事情，心裡捏了一把冷汗。

你就是自己的「毒品防線」

近年來，各類新興毒品在臺灣越來越猖獗，以各種方式入侵社會。大量走私被查獲的案例，反映出市場存在著可觀的需求。這些新興毒品最令人擔憂的地方在於，它們的成分往往不明確，且可能暫時未被列入法律管制的範圍。正是這些特性，使得新興毒品對青少年造成的傷害最為嚴重。

• 受害最深的永遠都是青少年

例如最近有人將合法的醫療藥品，例如：依托咪酯，添加到電子煙中，引誘青少年吸食。吸食後的症狀令人不寒而慄：整個人走起路來搖搖晃晃、身體扭來扭去，簡直就像喪屍一樣！儘管家長苦口婆心的勸阻，許多青少年還是執迷不悟。他們聽信有心人士的謊言，以為「不會有事」、「這些絕對沒有違法，不用怕被抓」，卻忽視了藥物對身體造成的傷害。

相關單位往往需要一段時間才能察覺問題的嚴重性，進而修法規範。然而，在這段期間，可能已經有很多人受害。青少年不應該用「不違法」作為唯一的判斷標準，而應該考慮使用這些物質是不是恰當，以及可能造成的後果和影響。依托咪酯從未管制到管制後幾個月內，從三級毒品升至二級毒品，就是最明顯的事證，青少年和社會受害至深。

• 千變萬化的毒品通路與偽裝術

　　現今的毒品與過去大不相同，它們常被包裝成新潮、流行、無害與有趣的形式，如食品、電子煙、飲料和咖啡包等，以吸引好奇的青少年。

　　更糟糕的是，青少年可能在各種場合接觸到毒品，但卻沒有人在身邊正確指導和警示。例如不認識的學長教你使用、朋友聚會上其他友人聊起、遊戲網站的聊天室、交友社團、打工訊息、約炮和簽賭等娛樂網站。讓許多青少年不知不覺被影響。

　　毒品管道五花八門，有心人總是會刻意強調合法及安全等字眼，你一旦上鉤，其實已經很難脫身了。

• 建立自己的心理防線

當青少年面臨學業壓力、親子衝突或對管教不滿時，都是內心最脆弱的時候！要注意，這時毒品也最容易趁虛而入。

我們必須提醒青少年：即使你認為自己永遠不會碰毒品，也要時刻保持警惕，因為毒販會不斷嘗試突破你的心理防線。

以下是吉官給你的四個錦囊，不管是心情不好或是出門在外，都務必要把這四個建議放在心上：

1. 陌生人推薦的奇怪物品，不論對方聲稱有何功效，包含瘦身、健體、紓壓或好玩等，一律拒絕。

2. 在感到困擾、無助或壓力大時，尋求正確的協助管道，避免使用喝酒和抽菸等不當方式紓壓。因為這只會讓問題更加惡化，不妨嘗試與學校輔導老師或「張老師」專線聊聊。

3. 謹慎看待網路言論，不要盲目跟隨。對於網紅的言行，應該多方查證，確保對自己有益才採納。

4. 在娛樂場所中，絕不嘗試來路不明的物品，因為

你根本不知道其中的成分。

記住，輕忽危機才是最可怕的，一旦嘗試毒品，下場都超慘。

💡 給老師的管教小提醒

許多特定學生在校外施用毒品後，通常會從吸食走向販賣，但近來也有很多青少年自己並不吸食，卻會到處販賣。因此當老師發現學生在學校散布一些毒品的言論、說法，或聽聞某位同學在抽好玩的電子煙時，務必在班上提醒學生這些不當行為可能帶來的後果。同時最好也通知學務處，由學務處介入判斷，是否需要進行驗尿與輔導。不要等到學生私下浮濫使用，並且發生狀況了才想處理，這時通常會非常棘手。學校也務必提高敏感度，進行控制與預防。毒品不可怕，防範有方法。從事前宣導、發現後及早介入、立即處置等手段，都會讓學生不敢有投機心理。而且越早正確介入，毒品才能有效被隔絕。

💬 給家長的教養小叮嚀

　　孩子吸毒，誰會第一個發現？當然是家長！因為施用毒品後，整個人的身心行為都會明顯改變。例如孩子從外面回家後，態度恍神、反應遲鈍、神情閃躲或是情緒起伏大，這些都與平日的表現不同。如果家長遇到這種狀況，務必要詢問孩子的行蹤，加以留意並處理。

　　不要怕面對孩子吸毒的事實，越早知道，越能盡快戒斷；時間越久，傷害越大。家長遇到問題，就要面對、處理，例如從旁了解孩子經常流連的地方、相處的對象，然後向學校、少年輔導委員會或醫療機構求助，這些單位都能協助家長確認孩子是否吸毒，與後續應該如何處置。許多醫療戒癮單位都會有效協助，就像生病求醫，他們不會用報警的方式處理，家長不用擔心。

警察敢取締我，
我就敢蛋洗警局！

維成上國中後，身邊同學開始喜歡討論車子和研究車子性能，彼此還會傳閱機車和汽車雜誌，甚至在群組分享最新車訊。這些訊息完全符合維成的喜好，他的房間裡也有整牆的模型車，是個名副其實的「車癡」。

維成小時候只知道自己喜歡帥氣的車，長大後深入研究，發現自己最愛的就是哈雷機車和跑車系列。

一個連續假期，同樣愛車的威廷告訴維成一個驚人的消息：「想騎騎看重型機車嗎？」威廷神祕地問。

維成驚訝地回應：「誰不想，但是怎麼可能？一輛重機至少也要六十幾萬，別做夢了！」

「如果真有機會，要參一咖嗎？」威廷繼續追問。

「是說真的，還是在唬爛我啊？」維成半信半疑。

「說，一句話，要，還是不要？」威廷開始施壓。

感覺機會真的稍縱即逝，維成立刻回答：「要！但是怎麼做？」

只是試車也被開單？

威廷解釋道：「我乾哥有個社團，都是喜歡玩車、改車的同好。最近想試跑改裝後的機車，你可以趁機騎騎看，

不然也可以坐後座被載，反正就是有機會上車。」

「他們幾歲？」維成好奇地問。

威廷不耐煩地回答：「你管他幾歲，你又不是他爸媽！我乾哥 16 歲，不過他們弄的車你不要多問，反正車子來源都是乾淨的，到底要不要去啊？」

「好，要保證不會出事喔！」維成猶豫地答應。

「不會啦！」威廷充滿信心地說。

活動當天，在大馬路上，集結了各式各樣的重機，大家騎過來繞過去，高速、急煞、壓車、過彎，搞得馬路好像是他們家的。

就在路上吵吵鬧鬧的同時，警車突然大規模出動，並且使用警示燈和喇叭，警告在場所有重機都不可以動。

現場吵雜聲戛然而止，換來的是大家的哀聲嘆氣。凡是車主都被開了高額罰單，許多人都在嘴裡碎唸著髒話，甚至抱怨自己運氣差。反正今天的活動不但沒有順利進行，而且每個人還損失慘重。維成擔心的事真的發生了。

我們去蛋洗警察的臉

警察走了之後，帶頭主辦的威廷乾哥氣憤難耐，「警察根本是故意找我們麻煩，真想教訓他們一下！」

「警察了不起嗎？」旁邊一位金毛青少年開嗆。

「管他警察還普通百姓，給他好看！」一位上臂刺青，穿著「吊嘎仔」的青少年也張牙舞爪地說。

「那看要怎麼做？」威廷的乾哥轉身詢問大家意見。

「我有辦法，洗警察臉，讓他們發臭！」刺青哥興奮地提議。

「我們去超市買雞蛋，拿雞蛋砸警局，最好是坐在門口的警察被砸到，我相信這件事他一定知道，說不定就是他通知其他警察來的，該死！」刺青哥把計畫跟大家說。

「不要吧！這樣做不好吧？」維成小聲提醒這些哥哥。

「你誰啊？這裡什麼時候輪到你講話？閉嘴！」刺青哥瞪著維成，他嚇得趕緊躲在威廷身後。

「就這樣！給警察一點顏色瞧瞧，警察就可以為所欲為嗎？」威廷乾哥發動機車，準備前往附近的超市。

威廷和維成雖然都上了其他哥哥的機車，但他們心裡都非常擔心。

最後，這群人買了上百顆蛋，又吩咐坐在後座的兩人一起幫忙拆蛋盒，然後將機車騎到警局門口。刺青哥動作比較敏捷，所以由他負責去感應自動門，大家計劃，只要門一開，就一起扔雞蛋。這時候肯定一陣混亂，刺青哥再趕緊上車，接著大家就騎車往四面八方閃人。

　　此時維成心理很害怕，他很後悔，早知道今天就不要來，超倒楣的，這些大哥哥的行為他無法控制，自己也無法抽身，他越來越擔心。

　　最後，計畫根本趕不上變化，當維成開始丟雞蛋時，全部的員警都跑出來，還帶著槍要他們全部趴下不准動……這下大家全都「GG」了，根本跑不掉，大家都被當成現行犯逮捕。

　　本來只是開罰單，這下子變成進警局做筆錄。維成心想，怎麼越弄越嚴重，好後悔！

青少年有人權也有責任

青少年因為兒少人權受到保護，因此多半非常重視自己的人權和尊嚴，卻忘記也應該尊重他人的權利。部分青少年往往認為自己的感受最重要，一旦感受到他人傷害，就會感到十分委屈，進而想報復。

例如，當他人用言語傷害你時，你可能會主張被霸凌或妨害名譽。然而，在主張權利的同時，也要反思自己是否尊重他人。如果對方無端侵犯你，你的人權應該受到保護。但若我們錯在先，已經傷害他人或違反法律，完全不顧自己的錯誤，只想著自己被傷害的情緒，進行反擊，就很難避免更糟糕的後果。

• 錯上加錯，事情更嚴重

許多青少年不反省自己，卻很會責怪他人。他們常有以下想法：「他針對我」、「別人都這樣，為何只有我不行」、「為什麼對我特別嚴格」、「他先弄我的」。

這些解讀會讓人難以意識到自己的錯誤，甚至可能

因此產生負面情緒，進而做出錯誤的反應。

本案例中的幾位青少年無照駕車，本來就屬於嚴重的違規行為。無照駕車對青少年的潛在傷害極大，一旦發生車禍或不當駕駛，可能造成無法挽回的後果。

因此，適度處罰違規的青少年，是為了讓他們反省並調整行為。青少年被罰，心生不滿，進而攻擊警局，只能說是錯上加錯。

💡 給老師的管教小提醒

多數學生仍然遵守規則、自愛，但私下違規、不服從管教的學生也在快速增加。教師一旦知悉學生違規與不當行為，務必依規定輔導管教。若遇到勸導無效的困境，應該啟動三級輔導管教程序，由學務處和輔導室共同參與並分工協助。

如果成效不佳，則需進一步利用到三級輔導管教資源，由學生輔導諮商中心、少年警察隊、少輔會及社會局（處）兒少社工一起加入。從家庭協助、親職教育、社區控管和學生輔導等多方面著手。

關鍵在於，第一線的教師是否真正發掘問題，並提出輔導的困境。導師、科任老師能否適時反應處理，都

會直接影響後續的處置成效。

現今老師面臨的最大挑戰是，對於不當管教、輕忽教養的家長，往往無法提供有效的協助與建議。這些問題不是教師或學校單方面可以解決的，需要社政系統共同投入協助。

只有及早發現問題，才能有效協助矯正孩子的行為問題。老師不要獨自承擔、悶著頭做，而要與系統、行政科室協力管教。孩子不僅是父母的，也是國家的。培養優秀的下一代，才能使國家更加強大。

💬 給家長的教養小叮嚀

當父母很難，每個階段的角色和任務都不同。管教孩子非常不容易，想成為成功的父母更是一大挑戰。

管教應該從孩子出生時就開始，而不是等到行為出現問題才思考。如果孩子出現觸法行為，家長需要付出加倍的心力，而且還可能無法有效矯正。一旦孩子成年後成為犯罪者，父母所有的努力和付出就可能白費。

因此，父母必須在孩子成長的關鍵期：

1. 適度學習，發揮親職功能，照顧、陪伴與接納孩子，並且引導、約束和管教孩子。

2. 當孩子在學校或生活中出現不當行為和觀念時，務必及時處置，提供有效協助。

許多家長只用自己知道的方式管孩子，例如：責罵和體罰等，但這些方法在孩子越大後會越反彈，最後甚至攻擊家長或冷漠不改，因此會有家長失望的說：「我已經管教過了，沒有效果，所以我放棄了，隨便孩子吧！這是他的命。」其實都是方法不正確，絕不是孩子管不了。

青春期的問題與兒童期截然不同，而青春期的風暴又與成年後的危機息息相關，不同階段需要不同的準備。父母一定要等孩子成熟後，才能真正放手，切勿因輕忽，或以「他還小，沒關係」為藉口，以免孩子成年後遭受更大創傷，留下遺憾和懊悔。

法律小教室

　　青少年無照駕車罰則，依據「道路交通管理
處罰條例」處置。

▶【法條1】道路交通管理處罰條例 第21條第一項

汽車駕駛人有下列情形之一者，處新臺幣六千元以上二萬四
千元以下罰鍰，並當場禁止其駕駛：

一、未領有駕駛執照駕駛小型車或機車。

二、領有機車駕駛執照，駕駛小型車。

三、使用偽造、變造或矇領之駕駛執照駕駛小型車或機車。

四、駕駛執照業經吊銷、註銷仍駕駛小型車或機車。

五、駕駛執照吊扣期間駕駛小型車或機車。

六、領有學習駕駛證，而無領有駕駛執照之駕駛人在旁指
　　導，在駕駛學習場外學習駕車。

七、領有學習駕駛證，在駕駛學習場外未經許可之學習駕駛
　　道路或規定時間駕車。

八、未領有駕駛執照，以教導他人學習駕車為業。

九、其他未依駕駛執照之持照條件規定駕車。

▶【法條2】道路交通管理處罰條例 第21條第七項

十四歲以上未成年之人，違反第一項第一款或第三款規定
者，交通勤務警察或依法令執行交通稽查任務人員應將違規
事實以書面或其他方式通知其法定代理人或監護人。

　　所以警察是依照規定取締，不是想針對青少
年或修理青少年。至於以雞蛋攻擊警局，則會觸

犯「社會秩序維護法」。

▶【法條3】社會秩序維護法 第64條

有左列各款行為之一者，處三日以下拘留或新臺幣一萬八千元以下罰鍰：

一、意圖滋事，於公園、車站、輪埠、航空站或其他公共場所，任意聚眾，有妨害公共秩序之虞，已受該管公務員解散命令，而不解散者。

二、非供自用，購買運輸、遊樂票券而轉售圖利者。

三、車、船、旅店服務人員或搬運工人或其他接待人員，糾纏旅客或強行攬載者。

四、交通運輸從業人員，於約定報酬後，強索增加，或中途刁難或雖未約定，事後故意訛索，超出慣例者。

五、主持、操縱或參加不良組織有危害社會秩序者。

　　若對他人丟雞蛋，會觸犯「強暴公然侮辱罪」。

▶【法條4】刑法 第309條

1. 公然侮辱人者，處拘役或九千元以下罰金。

2. 以強暴犯前項之罪者，處一年以下有期徒刑、拘役或一萬五千元以下罰金。

　　若對於執法的警察丟雞蛋，會觸犯「妨害公務執行及職務強制罪」，刑期與罰則都更重。

▶【法條5】刑法 第135條

1. 對於公務員依法執行職務時，施強暴脅迫者，處三年以下

有期徒刑、拘役或三十萬元以下罰金。

2. 意圖使公務員執行一定之職務或妨害其依法執行一定之職務或使公務員辭職，而施強暴脅迫者，亦同。

3. 犯前二項之罪而有下列情形之一者，處六月以上五年以下有期徒刑：

　　一、以駕駛動力交通工具犯之。

　　二、意圖供行使之用而攜帶兇器或其他危險物品犯之。

4. 犯前三項之罪，因而致公務員於死者，處無期徒刑或七年以上有期徒刑；致重傷者，處三年以上十年以下有期徒刑。

11 賠我錢！不然今天你身上的東西都是我的！

婉玲最近沒有到校上課，據說已被學校通報為中輟生。學務處老師多次來班上詢問婉玲的近況，但大家都不清楚。其實，婉玲過去最要好的同學于真也在聯繫她，因為她們倆人正因金錢糾紛而爭吵。

　　原來這場金錢糾紛，背後是有故事的。婉玲、于真和慧珍三人是同班的好朋友，平時無話不談，生活大小事都相互分享，毫不隱瞞。

　　三個人中，婉玲的煩惱最多。她的父母在離婚前爭吵不斷，為爭奪監護權大打出手。然而離婚後，法官雖判兩人共同監護，結果卻是雙方都不願負責，最終將婉玲交給祖母照顧。

　　婉玲的父母之前本來就不常關心和照顧她。他們只在意婉玲的成績，心情不好時就罵婉玲出氣。兩人看不慣對方，經常爭吵，最後把離婚的責任都推到婉玲身上。這些話婉玲已經聽得滾瓜爛熟，都會背了。

　　父母離婚後，情況更加惡化。只要婉玲表現不佳，父母就會互相指責，夾在父母衝突之間，婉玲痛不欲生，因此開始逃家，借住在同學家中。

一條褲子變成導火線

了解婉玲家庭情況的同學都願意收留她，于真更是讓婉玲在自己家住了半個月。當時婉玲沒有換洗衣物、食物和生活用品，全靠于真幫忙。于真還把自己新買的吊帶褲借給婉玲穿，只要求事後洗乾淨歸還就好。

豈料隔天婉玲就離開了，不但沒有歸還吊帶褲，還對于真的訊息已讀不回。那條吊帶褲價值 1 千元，是全新的，于真都還沒穿過。于真犧牲自己，不願計較，婉玲卻擺爛不還。于真在訊息中向婉玲要求 5 倍賠償，總共 5 千元，不過婉玲卻失蹤了，不回應也不處理。

慧珍得知此事後，也為于真抱不平，表示要幫忙討回公道。她在社群軟體發限動：

在你困難時幫你，還被你背叛！

借錢不還，無情無義！

你們說有公理嗎？

發文後，一堆同學都黑人問號。

&：怎麼了，被欺負，要姐幫忙嗎？只要一聲令下我絕對馬上站出來。

于真：是我被欺負了，我私訊你，再幫我找人。

方芳：算我一個，我男友也會過去。

鴿子：哪個人敢欺負我姐妹，絕不放過！

文文：+1

于真看見同學都這麼挺她，超級感動，於是決定利用大家的熱情，好好處理和婉玲的糾紛，讓婉玲知道，逃避很可恥而且不一定有用。

於是于真私詢和婉玲最近互動較密切的心雯，她知道心雯跟婉玲好像是親戚，所以能由長輩間連繫。于真請心雯幫忙把婉玲約出來，心雯於是私訊婉玲。

心雯：婉玲你在哪？聽我媽說，你最近都在外面，偶爾才回家換衣服。你的生日快到了，我們去大公園碰個面，幫妳慶生聊一聊，有空嗎？

婉玲：只有我們倆嗎？

心雯發現，婉玲還真的上當了！她心裡竊喜，自己肯定能幫大家達成任務！

　　心雯：對啊！就我倆，明晚七點，在靠近遊樂場旁的椅子等我。
　　婉玲：好哦！你帶個飲料給我喝，我最近都沒錢，好想喝飲料。
　　心雯：ok，你最愛喝的，我知道！

　　心雯和婉玲確認後，立即發訊息給于真。

　　心雯：成功了，她被騙了！明晚七點在大公園，準時前來。
　　于真：果然是好友，事後請你喝飲料，謝啦！

　　於是于真在網路上釋放需要人支援的訊息，立刻有四位男生、三位女生願意加入這次討債談判行動。于真心想，八對一，應該足以讓婉玲畏懼了吧？屆時她不道歉、不賠錢都不行！這能怪誰？只能怪婉玲！欠錢不還，否則

于真也不用出此下策。

　　她在社群軟體分別告知七位朋友，當天目的是去討債，不擇手段，目的就是要拿到錢，誰叫婉玲已讀不回擺爛。聽說她最近還有錢買新衣服，有錢不還真的很不上道。

不拿出來？我自己搜！

　　晚上的大公園跟白天完全不一樣。平常都有許多外籍看護會推老人家外出曬太陽、聚會聊天，晚上卻悄無人聲，真是適合處理一些不想讓太多人知道的「社會事」啊！

　　當晚不到七點，于真邀約的友伴準時到來，大家看起來非常興奮。于真還表示，如果今天順利拿回 5 千元，會拿 1 千元出來請大家喝飲料。大夥聽了，都高聲歡呼。

　　等著等著，果然看見婉玲從遠處走來，于真心想：「真是不知死活，完全不知道大難即將臨頭。」

　　于真見到婉玲來，一個箭步上前推了婉玲一把。

　　「你還真的有臉來耶！」于真說罷。

　　「唉呦，你幹麼？有事用講的，不要亂動手啦！」婉玲重心不穩，差點跌倒。

　　「賠錢！躲！還躲？以為不見面就沒事，錢不用還

嗎？」于真繼續逼近婉玲，婉玲因為害怕不斷往後退。

「心雯，你騙我！」婉玲看著心雯，希望心雯幫她。

「我沒辦法，誰叫你先做錯事，真的欠教訓！」心雯雖然有些心虛，但是她覺得自己沒錯，只是幫忙伸張正義而已。

子育也上前推了婉玲一把。

「想跑去哪裡？你以為能躲多久，還錢啦！」子育開始幫腔公審。

「是于真自己願意借我的，我又沒說要借，我洗好會還。而且她之前也沒說要賣我 5 千元，我覺得太誇張了。」婉玲反駁道，想要澄清事實。

「還敢頂嘴！」于真一巴掌打在婉玲的臉上，聲音很大，大家都嚇到了。

婉玲被打後蹲坐在地上，她哭泣著，看起來很害怕，身體微微發抖。

「還錢！沒錢別想走！少裝可憐。」于真不想讓婉玲有機會示弱。

「我好多天都沒回家，身上真的沒錢，等我回家拿錢再給你。」婉玲害怕地解釋著。

「沒錢？但是我聽說你還買了新衣服耶！大家搜，今天她身上搜到的，都算我們的！」于真覺得再不出手，大概很難把錢要回來，於是要求大家一起動手搜身。

幾個女生抓住婉玲，不顧她用力掙扎，于真從婉玲口袋和身體各部位去掏、摸、搜，連身體私密處和內衣都不放過，一旁的男生也紛紛加入戰局。

「好刺激！我來錄影上傳，太好看了。」小胖打開手機，全程錄影。

「抓她胸部！看內衣裡面有沒有藏錢！」洪安也在旁助陣叫囂。

四個女生在婉玲身上翻來翻去，婉玲連內衣都露出來了，她害怕地拉住衣服，于真突然靈機一動：「來！脫她衣服，讓她丟臉！看賠不賠錢！」

于真猛拉婉玲上衣往上掀，婉玲死命把衣服用力卡住。于真拉不開，隨即招呼大家：「一起來！我們把她的衣服脫掉，看她還能在別人面前多不要臉？」

說著于真把婉玲的手拉開，子育一個箭步把婉玲衣服用力往上脫，婉玲用手腕卡住衣服，又被另一個女生從身後把手肘拉開。

接下來，婉玲的外衣和內衣都被脫掉，幾個男生還在旁邊繼續訕笑、錄影，甚至假裝害羞、竊喜，「哦～好髒的東西，汙染我的眼睛。」洪安說著，還不斷學著婉玲難堪的模樣。

「活該啦！欠錢不還，報應！」小胖還在繼續拍。

于真這時才發現好像有點超過，她把內衣丟回婉玲身上，「今天衣服先還你，下次就不是這樣！讓你光著身子，看你怎麼離開！欠債鬼！」

于真回頭跟大家說：「今天遇到窮鬼了，運氣真差，反正錢也要不回來，時間不早了，大家一起走吧！我還是要謝謝大家相挺，等下請大家喝飲料，到前面商店街去。」

說完，她便領著大家離開。一群人嘻嘻哈哈，好像剛才的事從沒發生過。

你們通通犯法了！

當天晚上，小胖整理好影片，直接發到網路上。婉玲被攻擊、被脫衣的影片被大量散布，連家長和老師都看見了。婉玲家長怒不可抑，立即找回婉玲，並到警局提告。

學校也立即進行校安通報、霸凌通報，涉入事件的學

生，隔天全部被老師通知至學務處了解情況。但是一行人的態度，讓師長全都傻了眼。

生教組長搖著頭問：「你們打同學、脫同學衣服，還拍影片上傳，這樣做可以嗎？」

「老師你了解事件真相嗎？不知道就不要亂說！事情是婉玲引起的，她欠錢不還，還故意躲我、擺爛，難道我該認賠嗎？」于真覺得自己很委屈。

「她欠 5 千元，你就可以打她嗎？你們還脫人家衣服，況且衣服的價錢是 1 千元，誰規定賠償是 5 倍？這樣處理非常有問題！」生教組長非常生氣。

于真感覺自己好像對牛彈琴、有理說不清，「我只是不想吃虧，出手教訓她，這樣她才會還我！」

生教組長轉頭問：「子育，你們脫她衣服、摸她的身體，這種手段非常糟糕，還有人錄影上傳過程。這些都是違規、違法傷害他人的行為，你們難道不知道嚴重性嗎？」

子育強力解釋：「老師，我是女生，我摸女生跟男生去摸又不一樣，我也不稀罕摸她好不好。我們是真的想不到辦法，看她好像怕被脫衣服，才會脫她衣服嚇她。而且她也只有被脫衣服時，看起來才有點怕，不然都好像事不關

己，真的很賴皮耶！」

「是誰錄影的？還上傳到網路，你們不知道這樣很嚴重嗎？」生教組長嚴厲地看著其他同學問到。

「我覺得婉玲真的欠教訓，要多一點人來提點她，而且這件事絕對值得公審，如果網友加入公審評理，就知道誰對誰錯，所以我才錄影上傳，希望網友給點建議！」小胖還自認為有依據、有理由。

真是有理說不清，生教組長搖頭對現場的同學說：「你們這些行為，已經涉及性平、霸凌和性剝削，學校會依規定調查。性剝削也就是性影像部分，必須進行校安通報，警察今天會來學校了解你們的情況，晚上你們和家長就會被通知去做筆錄。為什麼有事不跟老師報告、商量，卻私下聚眾處理？你們會害慘自己的！」

之後，果然涉案的學生都被陸續通知，由家長陪同前往警局製作筆錄。幾天後，婉玲家長也針對這些同學進行提告，案件同時由學校進行行政部分調查，司法責任則進入少年法庭處理。

于真最後的限動停在這則：

錯在婉玲，怎麼變成我們被處理？會不會太扯！

勿用攻擊來處理糾紛！

吉官告訴你

　　這個事件從同學間的借貸開始，誘發了討債和躲債，對於處理積欠金額的加碼，聚眾滋事、傷害、性影像及侮辱性的傷害等。如果大家知道用錯手段會觸犯許多的法律，就會了解這些手段都不是處理事情的方法，到底是處理問題還是製造更多問題，絕不要用自以為是的方式處理。

　　校園糾紛事件日益多元，實務上發現，因特定糾紛而私下聚眾傷害同學的手段越來越殘忍。他們採用聚眾、傷害和羞辱式的攻擊行為壓制被害同學。難道參與的青少年都缺乏同理心和惻隱之心嗎？不是人多就是正義公理，將心比心很重要，別忘了下一位被傷害的可能就是自己。

• 少數帶領多數的暴力行動

　　這些特殊的傷害和羞辱式攻擊，起因可能是人際或財務糾紛。起初的想法及做法，大多源自少數學生。他

們用自己的臆測和經驗，謀劃、預想，而且手段非常凶狠。他們會這樣，有可能是因為幼年時曾遭受不當對待，例如遭受父母或親戚家暴；或因觀看打鬥、暴力影片；或個人曾經歷被霸凌的創傷經驗。因此，遇到人際受挫時，很容易衍生暴力、兇殘的報復行為。

在類似群聚暴力虐待的霸凌事件中，常見少數帶頭同學負責計劃、糾眾、控制，並對其他同學進行情緒勒索，要求在場同學配合。其他人也不得不為，但事後都相當後悔。並非所有參與的青少年都如大家所見的惡質，多數是無主見、不知如何回應、人云亦云，才會如此。因此，若遭遇此類邀約，務必正確判斷，千萬不要輕易涉入。

💡 給老師的管教小提醒

這則案例看了令人觸目驚心，原因在於最初只是一件小事，但後來牽涉到的犯罪行為越來越多，衍生成失控重大事件。

面對學生間的衝突時，老師一定要意識到「群體效應」帶來的危險。當學生成群結隊時，往往會產生集體意識，使個人判斷力下降，甚至做出平時不會做的激進

行為。因此，我們需要教導學生獨立思考的重要性，不盲從他人，也不隨波逐流。同時，平常就要積極引導學生，學習正確解決衝突的方法。鼓勵他們在遇到問題時，第一時間尋求師長或家長的協助，而非私下處理。讓學生明白，暴力或威脅絕不是解決問題的好辦法，反而可能帶來嚴重的後果。

培養同理心和寬容也很重要！網路時代裡，演算法很容易放大情緒，導致使用者採取過激的立場，從網路又回頭影響到真實世界的處事方法。每個人都可能面臨困境，互相體諒比指責更能化解矛盾，「試著站在對方的角度思考」對新世代的孩子來說，是需要練習的。但是這種練習，能夠提升他們理解他人和包容的能力，也能夠預防許多不必要的衝突。

給家長的教養小叮嚀

當孩子在學校發生行為衝突的傷害事件，或是家長經由老師提醒，孩子可能有霸凌行為時，家長應正視問題。少年法庭上，常遇到家長不願接受孩子會霸凌或傷害同學的事實，他們通常有以下說法：

「我的孩子很乖，不會傷害別人！」、「我的孩子以

前都被霸凌，怎麼可能會霸凌別人？」、「自從和○○○同班後，我的孩子行為開始轉變，都是○○○的問題。」、「他們應該只是開開玩笑、打打鬧鬧，不是真的要傷害啦！」

重大傷害事件，幾乎都是起因於開玩笑或打鬧不停的人際糾紛，絕非一下子就是帶刀傷人。孩子傷害他人卻沒有受到正確管教，只會讓他誤以為自己理由正當，行為具有合理性。少年事件會給較多機會不是因為犯罪沒關係，這是因為未成年人辨識力不足，個性不成熟的情況下，所給予的機會或處置，不是用來縱容青少年的。

如果青少年以為這些處置代表自己沒錯、事情不嚴重，並且繼續為所欲為；或是經過輔導、勸導和約束，還不斷發生觸法事件，少年法庭就會對青少年給予更高壓力的限制，要求反省、調整和自律。

曾有國中生以彈簧刀在校重傷同學致死，之後遭少年法庭收容。收容就是限制自由，絕對不可能輕易恢復原來的生活，他們也是被長期收容後才知道法律不是他們想的那樣，但為時已晚。家長不要在應該教育孩子時錯失時機，否則成年後，孩子終將因為個人行為付出重大代價。

法律小教室

當青少年遭遇如于真的情況，婉玲確實穿走自己的新衣服，又不願意出面處理，究竟該如何正確處置？

首先我們應該要先知道，出借金錢、物品給未成年人牽涉到的法律問題。因為同學彼此間還未成年，年齡不同，法律效果也不同。

如果未滿 7 歲，在法律上的規定是屬於「無行為能力人」，沒有辦法自己承擔法律上的權利義務。所以如果未滿 7 歲，就算跟別人訂定買賣（出售）、贈與（贈送）與借貸（借給別人）的契約都是無效的。這時，家長對於物品仍然具有所有權，只需要主張契約無效，要求同學返還物品就可以了。

但如果是 7 歲以上、未滿 18 歲的未成年人，依據民法規定，就屬於「限制行為能力人」，要從事會產生法律效果（例如，所有權變更、簽訂契約）的行為，必須得到法定代理人（例如父母）的同意，或者需要符合法律上的要件才會有效。

家長只要不同意這個年齡層的小孩與同學訂立的買賣、借貸、贈與契約，就可以拒絕承認這些契約，而這些契約也會無效。家長對於物品仍有所有權，可以要求同學返還所取得的物品。

　　所以，青少年之間如果有未經家長同意而進行的借貸，其實都是沒有效力的。家長只要主張無效，就可以要求對方返還。也因此，青少年在學期間，不應該私下自行出借金錢或是手機等物品，甚至放高利貸，這些都會造成後續的糾紛，也不是學校老師能介入處理的，因為家長的權限才是關鍵。

　　那像案例中，婉玲不還衣服還躲起來，該如何處置呢？最好的方法，就是請學校老師協助通知家長，或由自己家長出面來主張權利。

　　如果找同學一起幫忙處理糾紛，意有所指要大家可以出手或傷害對方，那就可能觸法，成為「教唆犯」。

▶【法條1】刑法 第 29 條

1. 教唆他人使之實行犯罪行為者，為教唆犯。
2. 教唆犯之處罰，依其所教唆之罪處罰之。

　　一對一打架與多個人打人，傷害責任也不一樣。一群人打人，會觸犯「聚眾鬥毆罪」。

▶【法條2】刑法 第 149 條

在公共場所或公眾得出入之場所聚集三人以上，意圖為強暴脅迫，已受該管公務員解散命令三次以上而不解散者，在場助勢之人處六月以下有期徒刑、拘役或八萬元以下罰金；首謀者，處三年以下有期徒刑。

▶【法條3】刑法 第 150 條

1. 在公共場所或公眾得出入之場所聚集三人以上，施強暴脅迫者，在場助勢之人，處一年以下有期徒刑、拘役或十萬元以下罰金；首謀及下手實施者，處六月以上五年以下有期徒刑。
2. 犯前項之罪，而有下列情形之一者，得加重其刑至二分之一：
一、意圖供行使之用而攜帶兇器或其他危險物品犯之。
二、因而致生公眾或交通往來之危險。

　　至於于真公然脫婉玲衣服且隨意觸摸婉玲，也會觸犯「強制猥褻罪」。如果婉玲還沒有滿 14 歲，還會觸犯對兒童及青少年的猥褻罪。

▶【法條 4】刑法 第 224 條

對於男女以強暴、脅迫、恐嚇、催眠術或其他違反其意願之方法，而為猥褻之行為者，處六月以上五年以下有期徒刑。

▶【法條 5】刑法 第 227 條

1. 對於未滿十四歲之男女為性交者，處三年以上十年以下有期徒刑。

2. 對於未滿十四歲之男女為猥褻之行為者，處六月以上五年以下有期徒刑。

　　另外也可能依據不同情況，有性騷擾的觸法可能。

▶【法條 6】性騷擾防治法 第 1 條

1. 本法所稱性騷擾，指性侵害犯罪以外，對他人實施違反其意願而與性或性別有關之行為，且有下列情形之一：

　一、以明示或暗示之方式，或以歧視、侮辱之言行，或以他法，而有損害他人人格尊嚴，或造成使人心生畏怖、感受敵意或冒犯之情境，或不當影響其工作、教育、訓練、服務、計劃、活動或正常生活之進行。

　二、以該他人順服或拒絕該行為，作為自己或他人獲得、喪失或減損其學習、工作、訓練、服務、計劃、活動有關權益之條件。

　　小胖上傳了婉玲被脫衣的影像，還違反了兒少性剝削條例，同樣需要面對罰則。

▶【法條7】兒童及少年性剝削防制條例 第36條

拍攝、製造兒童或少年之性影像、與性相關而客觀上足以引起性慾或羞恥之圖畫、語音或其他物品,處一年以上七年以下有期徒刑,得併科新臺幣一百萬元以下罰金。

國中新學期開學已經一個月了，但 701 班的氣氛仍然緊張。班導王老師站在教室門口，深深地嘆了口氣。她看著教室裡那個獨自坐在角落的男孩──哲宇，心裡充滿了複雜的情緒。

　　哲宇是個特殊的孩子。開學第一天，當其他同學都吱吱喳喳、彼此試探，或是互相詢問課室需要準備的事項或是物品時，只有哲宇自己一人躲在角落，戴著耳機，完全不理會周圍的人、事。

　　當王老師試圖和他交流時，他竟然突然爆發出一陣尖銳的喊叫，嚇到了周圍的同學。

　　「哇啊！他是瘋子嗎？」有人小聲議論。

　　「噓，別這樣說。」另一個同學制止道，但眼神一樣帶著困惑和恐懼。

　　王老師迅速平息了騷動，但她知道，這大概只是開始而已。

　　接下來的日子裡，哲宇果然頻繁爆發情緒，他難以預測的行為模式，經常讓全班同學處於緊張狀態。

突然大爆走，嚇壞全班！

有一次數學課，老師叫哲宇起來回答問題。哲宇沒有反應，老師又喊了一次。哲宇竟然猛地站起來，把桌上的書本全部掃到地上，大聲喊道：「別煩我！我討厭數學！」然後立刻衝出教室。

班上頓時一片寂靜，所有人都震驚地看著這一幕。坐在哲宇旁邊的小美，被嚇得差點哭出來。

數學老師不得不暫停課程，先請班長跟幹部們安撫其他同學的情緒，然後請數學小老師也通知王老師，接著跟王老師滿校園尋找哲宇。

王老師在學校的角落裡找到了蜷縮在一旁的哲宇，他正在低聲啜泣。

「哲宇，你還好嗎？」王老師輕聲問道。

「我、我不知道。我只是……感覺很亂。」哲宇斷斷續續地說。

王老師意識到情況的嚴重性，決定聯繫哲宇的母親。然而，當哲宇媽媽來到學校時，王老師這才發現……哲宇媽媽跟哲宇的個性很像。

「老師，哲宇從小就很特別。他是我們好不容易才懷

上的孩子，我們愛他勝過一切。」哲宇媽媽說不到兩句話，眼淚就開始在眼眶打轉，「但是我們真的也不知道該怎麼辦。在家裡，他也經常發脾氣，有時候能尖叫嘶吼一整晚，我們以為上了國中會好一些……」

王老師試圖建議哲宇媽媽帶哲宇進行專業評估，「媽媽，我們教學團隊的成員討論，覺得哲宇可能是特殊生，他的情緒與專注力都跟一般孩子不太相同，如果去進行評估鑑定，對他的學習和人際適應應該會比較好。」老師非常委婉地說。

但哲宇媽媽立刻變得防備起來，說話也越來越大聲：「你的意思是說我兒子有問題嗎？他只是……比較敏感而已！老師，我其實本來是不孕的，為了懷哲宇，吃盡苦頭。他是我的希望和最愛，如果沒有他，我先生一定會跟我離婚，我為了哲宇，非常努力，他絕對沒有病……」說到這裡，哲宇媽媽已經變得有點歇斯底里了。

「媽媽你誤會了，我的意思是，一般孩子這個年紀應該都能學習控制情緒，哲宇是不是因為一些特別的因素才會這樣？我們是想要釐清原因，才能幫他。」王老師趕緊解釋。

「老師你不要再講了，之前我們在夏令營，有人因為哲宇哭就說他不正常，我已經提告對方了。」哲宇媽媽憤怒地說著。

王老師聽了，也只能停止對話，這次親師對談完全沒有解決問題。班上的同學不可避免地躲著哲宇，有些人甚至要求調到其他班級。哲宇變得更加孤立，他也越來越常情緒失控。

他需要專業的協助

果然沒多久之後的中午，哲宇因為不想吃營養午餐，又不想坐在座位上，情緒失控的他用鐵碗敲了前座同學志祥的後腦勺，志祥痛得大哭、哲宇也崩潰大哭，現場一片混亂。

「我受夠了！」志祥的父母來學校理論，「我們的孩子在學校竟然不能得到基本的安全保障？」

「他又不是故意的，孩子還小！不懂事！」哲宇媽媽護子心切，說出的話卻刺傷了志祥的家長。

「他就是故意的，他在班上恣意妄為，哪個孩子像他一樣有特權？我們真的很倒楣跟他同班！」志祥爸媽真的

是氣到不行，把心裡的話全部講出來。

「爸媽都不要太衝動，這些事情學校都會依規定處理的！」王老師不知道該如何安慰志祥父母。

她把哲宇媽媽拉到一旁，希望能緩和情緒和衝突。

「媽媽，我真心跟你建議，哲宇不是不能教的孩子，我們懷疑他注意力不集中、情緒衝動控制不佳，他的問題需要專業人員評估鑑定，才有辦法用適合的方法協助他。如果我們什麼都不做，我擔心這些狀況會越來越多，對他會有不好的影響！」王老師非常婉轉地提供建議。

「看醫生真的可以變好嗎？」哲宇媽媽不安地問著。

「不是只有看醫生，我們學校輔導室也會提供輔導資源，這些都能讓哲宇在學習上受到好的協助！」王老師趕快釐清。

「人家會說我的孩子有病嗎？」哲宇媽媽擔心地說。

「這些說法都是非常錯誤的偏差，其實我們每個人都或多或少也會有感冒、身體不舒服，需要醫療協助的情況。最重要的是，我們要讓哲宇能夠得到適合他的幫助。」王老師解釋道。

志祥的父母親雖然提告傷害，但是因為知道哲宇就醫

的情況，後來也願意撤回告訴，只是要求哲宇媽媽一定要讓哲宇持續就醫，才能穩定孩子的身心問題。

果然，經過就醫和鑑定後，哲宇獲得了許多醫療與輔導的幫助，情緒穩定了不少。在醫院的兒少身心科、學校輔導老師和王老師的協助下，雖然哲宇不可能馬上變成活潑開朗的外向人，但至少很少再情緒失控。看著他一天天進步，哲宇媽媽超級感謝王老師的幫忙。

理解、包容，保持正確互動方式！

吉官告訴你

相信許多青少年在閱讀這個案例時，也會在腦中浮現某些特定同學的形象。為什麼呢？因為最近這幾年，特殊生出現的機率越來越高。

幾位國小老師曾跟吉官分享，以前一班大約有一至兩位特殊生，現在有些班級中，竟會有高達五位特殊生。老師都覺得很驚訝，但也無法改變什麼，因為這是教育現場的實況，青少年和家長都必須做好準備。

特殊生的類型很多，有些只是單純注意力不集中，不會有其他的特定行為。他們常見學習成績不好，上課恍神難專注、忘東忘西，感覺心不在焉。他們的表現會讓人覺得，他們活在自己的小宇宙裡，跟其他人脫節。跟他們說話、互動和溝通，感覺很不容易，所以他們的朋友也比較少，但大體上還能相安無事。

另外一種行為就比較外顯，會突然暴衝、大聲尖叫或哭泣不停等。一般青少年會覺得他們不在乎他人的感受，心情好壞很直接，完全沒把規範和他人觀感放在眼

裡。其實,這些看似無理取鬧的孩子,很多屬於情緒障礙類型。

• 他們未必是故意的

這種情況也會讓一般青少年感覺他們好像是故意擺爛,或是故意要讓別人不舒服。但真實情況卻是,他們可能完全不知道自己帶給他人何種感受,甚至也不明白自己為什麼會這樣。當他們感覺不舒服、心情不好,或意識到被不友善對待時,會無法控制自己的反應,甚至出現攻擊行為。

不了解情況的青少年會認為:「他這樣已經很多次了,是故意的!」、「他感覺很欠揍!」、「哪有人像他這樣,都講不聽的?」他們用一般人的判斷,來界定這些特殊生的行為。

但其實特殊生之所以會這樣,很可能是受到身體、腦部結構和內分泌等影響。雖然從外觀看起來跟一般人沒有不同,但這些我們看不到的「不一樣」,卻每天影響著他們,而且會隨著發育的關係,影響力會越來越強。所以很多人會說:「他國小時沒有這樣,國中才開始暴走。」其實這就是因為他受到了發育的影響。

了解狀況後會發現，他們需要的是專業的醫療，以及心理資源的協助。從評估、鑑定開始，了解他們身心情況，在國小、國中、高中和成年的不同階段都需要持續進行醫療、心理輔導及行為訓練。只要能正確管教協助，就會發現他們也在進步，更知道如何與他們相處互動，發現他們也有可愛之處。

💡 給老師的管教小提醒

　　特殊生各有不同的特質，幾乎都需要不同的管教方式與引導策略。如果對他們的認知不足，會致使老師誤解孩子，以為他們是故意對抗師長、同學或整個環境。實務上曾發生，老師因為孩子屢勸不聽，誤解他們是故意惹事，因此以強制方式控管學生，致使爆發不當管教事件，使老師遭到懲處。

　　這些老師被質疑時，對於管教此類學生的偏差、脫序行為，會有很多無奈。他們認為其他學生都能聽話，何以特殊生做不到。強制學生改善，也是基於善意，希望促使他們增加自制力，卻未能評估學生身心因素影響，致使管教效果不彰、家長不理解、自己遭懲處。老師最後都認為，自己只能放棄特殊生，這樣的結果，其

實很令人遺憾。

因此，辨識特殊生行為態樣、密集與家長互動溝通、轉介輔導室評估協助，共商有效管教機制，非常重要！切勿獨自「埋頭苦幹」，想用一己之力努力控管學生，事實是特殊生需要專業的協助，老師同樣也需要一起努力的團隊。

💬 給家長的教養小叮嚀

每個孩子都是父母的寶貝，父母總希望自己的孩子聰明可愛、人見人愛，以後能出人頭地。在教養過程中，許多家長會嘗試各種方法，期望讓孩子能搶先得點。然而，由於缺乏經驗，家長常常無法了解孩子的實際情況，導致自己與孩子身心俱疲。

許多家長會說：「我的孩子很愛哭」、「我的孩子很難帶，作息不穩定」、「我的孩子沒有安全感」、「我的孩子坐不住」等。這些問題都是他們在教養過程中的感受，但卻不知道該如何應對。其實，這些現象可能已經是孩子身心特質的早期跡象，只是家長尚未察覺。

有些細心的家長會注意到，孩子經常哭泣、不願與大人互動，或者過於安靜，於是尋求醫療機構的幫助，

試圖找出原因。及早進行「早療」，孩子的發展可能會大幅改善。早療的正面影響包含促進孩子認知、語言或運動能力，也可能針對特殊兒提高他們的溝通能力或增進社交技巧，也有的可以改善行為，幫助孩子學會如何調整情緒等。

然而，大多數家長可能不一定會意識到孩子的狀況，也或者很多孩子到學齡後才逐漸顯露出徵兆。這時就很倚賴每天與孩子相處的老師協助辨識問題，並與家長討論。

此時，家長的態度尤為重要。不要立刻以質疑或對立的態度面對老師，例如：「老師針對我的孩子」、「老師不喜歡我的孩子」、「我的孩子很正常，別瞎說」。抗拒專業協助，只會延誤處理的時機，錯失關鍵的干預期，最終受害的還是孩子。

因此，家長應該相信學校和專業評估，積極配合，幫助孩子的身心發展。這需要家長的智慧和開放的態度，與其避而不處理，看見孩子的內在需求絕對是第一要務！

我沒想到
事情會變這樣！

無心之過

13 偷開外公的車找同學，結果竟然出車禍！

周元對車子有股莫名的憧憬與想法，他從小蒐集汽車模型，長大一點之後會上網搜尋賽車影片，這樣的他當然對道路駕駛躍躍欲試。

　　由於父母工作繁忙，周元從小便跟外公、外婆同住，因此外公、外婆其實更像他的父母，日常生活也都由外公、外婆照顧。父母通常只在假日來看他，來了也只是象徵性寒暄幾句，畢竟沒有真的長時間相處過，彼此不知道要聊什麼。但只要周元開口要禮物，父母都有求必應，對周元而言這樣好像也沒什麼不好。

誰說不能用腳踏車飆車！

　　周元的父母對他一向大方，甚至在他六年級生日時，特地買了一輛價值十萬元的高級腳踏車，配上全套裝備，包括車衣、安全帽和車褲送給周元。當他將全套生日禮物的照片放上社群軟體，立刻引來好友們的羨慕和詢問。這輛車的性能極佳，周元開始在馬路上冒險騎行，享受風馳電掣的速度感。

　　這輛車輕巧不費力，讓他很容易就能達到相當的速度。於是他開始挑戰自我，搶黃燈通過路口，甚至在綠燈

即將轉黃的瞬間加速穿越，聽著後方傳來的急煞聲和喇叭聲，他感到一股征服的成就感。隨著次數增多，周元漸漸無視紅綠燈，甚至開始在紅燈時闖過馬路，他覺得只要技術夠好，就能無懼號誌的限制。

喜好拍攝的他，後來還在車上裝了攝影機，好錄下這些「英勇」行為並上傳分享。每當限動出現驚險的甩尾片段，他總能收獲同學滿滿的羨慕、嫉妒和讚許，雖然也有同學提醒他要小心，但他才不以為意。

當然他也遇過幾次小車禍，不過對方考量到他未成年，通常也都會選擇原諒。再說父母也都會幫忙賠錢了事，只要自己還是青少年，事情總是很好解決。

開車去找同學，讚！

國中後，周元對開車的熱情更是高漲，甚至私下開始打起外公汽車的主意。他上網自學駕車技巧，並在外公開車時，仔細觀察如何發動車輛、操作方向燈和雨刷等細節。外公看到他如此熱衷，還笑說：「等你拿到駕照，外公就送你一輛車，要乖一點哦！」

但在周元心裡，駕照只是儀式，只要會開車，有沒有

駕照根本不重要。他暗中等待機會，終於等到外公、外婆預計出國二十天。周元發現外公特意將車鑰匙藏起來，但對外公家環境十分熟悉的他，當然輕鬆就找到鑰匙！他計劃趁外公、外婆出國的時候，偷偷開車上路。

最近好友科科剛搬家，兩人已經有段時間沒見面了。科科住的新家，從周元家光是搭公車就需要 50 分鐘，就別說前後都還要走一段路，麻煩死了。對周元來說，開車去找科科是個再好不過的理由。

「科科，我找時間去你家玩，你搬走後我很無聊。」周元傳訊息給科科。

「好啊！來我家玩遊戲吧！我有新的遊戲片哦！」科科立即回覆。

「下星期四晚上去找你，可以嗎？」周元詢問。

「可以啊！不過放學後過來會不會太晚？」科科有些擔心。

「放心，我有辦法 40 分鐘內到！」周元充滿信心，因為他早已計劃妥當。

誰第一次開車就很厲害？

當週外公、外婆如期出國，周元一點都不想去爸媽家住，所以外公臨行前，留下一筆餐費和幾千元現金，以備他不時之需。周元心想，這筆錢正好可以用來加油。看著外公、外婆離開，他滿心期待的冒險終於要展開了。

隔天放學後，周元立即回家拿鑰匙，興奮地走向附近的停車場。他小心地發動車輛，不過第一次開車總是比較不熟悉，他還沒開出停車場，就先擦撞到停車場的柱子，側門的鈑金有點凹損，但反正還是可以開，所以他毫不在意地繼續上路。

他時而猛踩油門暴衝，時而急剎。沒辦法！平常又看不到外公的腳怎麼踩油門和煞車，幸好路上也沒有太多行人和車輛。慢慢地，他逐漸掌握車子的操控，變得更加大膽。時間差不多了，說好要 40 分鐘內到的。等他把車開到科科家，科科一定會很佩服他，

他用力踩油門加速，但此時正好是下班尖峰時段，道路上人車混雜，一輛車突然從旁邊衝出來，他為了閃避那輛機車，沒想到竟然失控撞上對向的車輛。本來他想用力踩刹車的，可是因為還不熟悉，竟然踩成油門。車子撞到對向來

車後竟然還加速撞向小吃店，接下來的一切快得讓他什麼都沒看清楚，等到他回神過來，才發現事情「大條」了！

眼前彷彿電影般，機車騎士被他壓在車下，正在炸鹽酥雞的老闆被熱油鍋的油澆了一身。他一路撞進店裡的牆面，車子才停下來，下車後他發現車底竟然還壓著兩名客人，血流如注。旁邊的道路交通標誌也躺在車子旁，現場一片狼籍。

周圍的人群好像過了一秒才開始大呼小叫：「有人受傷了，快叫救護車！」

而周元則呆立現場，完全不知如何是好。

救護車和警察到場後，警察看著他問：「車子是你開的嗎？」

周元點點頭，這時手機裡正好跳出科科的訊息，「你快到了嗎？」、「迷路了嗎？要我去帶你嗎？」

他看見滿地的血跡、油箱的油流出，鹽酥雞的油也潑得到處都是。受傷人的哀號聲此起彼落，周元喃喃自語：「怎麼會這樣？」

一旁的路人忙著救人，更多人怒罵周元：「可惡！」、「好像是青少年，他可以開車嗎？」、「家長怎麼教的？」、

「他死定了，看他怎麼賠？」

　　周元看著這些罵他的人，覺得很委屈。他心想，誰能第一次開車就很厲害？

　　當天做完筆錄後，他就被移送少年法庭。爸爸到場後，忙著聯繫律師，看著周元的眼神，滿滿的失望和憤怒。

　　爸爸在開庭時先向法官道歉，說自己不會管教。但是慘劇已經發生，法官認為家庭管教功能不彰，當庭諭令收容。周元隨即被法警送進少年觀護所，此時他才驚覺自己行為很嚴重，「怎麼會開個車就這樣？我還未成年，不能被原諒嗎？」

　　此時他開始後悔了……。

你知道無照駕駛的代價有多大嗎？

吉官告訴你

　　法律規定滿 18 歲成年，成年後通過考駕照程序，才可合法上路駕駛。儘管你可能自認自己「很會」駕車，但未經法定程序考照，就是違規。

　　這樣的規定，主要目的是保護、維護全體交通用路人與大眾權益。因為未成年人的判斷力、辨識力、反應力都不成熟，而道路駕駛需要多元成熟能力，因此才強制規定，需等成年才能考駕照。否則不管年齡，即使是國小學生，只要經過訓練，也可能「會開車」，但「會開車」卻不表示能判斷道路上的緊急情況。

　　許多青少年輕忽道路駕駛風險，自以為個人技術高超，忽略車禍事件絕非單一車輛決定。何況路上每輛車都有可能在各種時刻發生各種狀況，真的非常考驗駕駛人的瞬間反應，只要任何一個疏失，都會造成難以預測的悲劇，絕不可輕忽危機。所以無照駕車造成的傷害、責任為何，青少年一定要知道。

💡 給老師的管教小提醒

青少年無照駕車非常危險，等同於不確定傷人與自傷。學校可藉由周會說明交通安全知識來提醒告知，讓青少年確實知道無照駕車責任，也可請交通大隊警員來演講，讓青少年知道實務上發生過的重大傷害，以及後續一併產生的責任規範。

此外，如果從學生討論或網路影片分享中，發現班上學生有無照駕車和危險駕駛等行為，即使只是蛛絲馬跡，都務必要通知家長，要求家長負起責任。同時也須通知學務處，請老師協助管教，了解青少年無照駕駛的動機，讓他們對傷害與責任有「現實感」。

青少年無照或危險駕駛大多發生在放學後及寒暑假，這些時段都須提醒家長，讓學生降低衝動。

💬 給家長的教養小叮嚀

愛孩子不是事事滿足他，特別是法律限制的行為，喝酒、抽菸和親密行為等都包含在內。

未成年不能無照駕駛，法律規定很清楚，因為風險和責任很高。最嚴重狀況下，孩子也可能因此失去生命，更可能造成無辜他人「家破人亡」，孩子無照上路

的後果實在非常嚴重。

家長不要因為孩子想要騎車代步，而家裡又供得起，就放任孩子。許多重大無照車禍事件，都不是偶發，而是早有跡象。家長從孩子平日行為、表現，都可以察覺，例如孩子突然受傷，可能是因為偷騎車而摔車了；或是老是要求家長要買機車等，此時就須留意，限制並教導合法駕車的規範和界線。

若孩子已經開始在騎腳踏車時，展現飆車、甩尾的「技術」，那便不難想像他未來會飆速、冒險、不顧危險的可能性。或許許多家長是收到孩子無照駕車罰單，才知道孩子的危險行為，然而家長知道後的態度，採取的是積極管教或是放任，其實青少年心裡一清二楚。

只要家長沒有決心，青少年就會更進一步，未來迎接他的就是無限的重大責任。監理站曾有青少年一年收到四十張罰單，罰鍰金額累積超高、道安講習課上不完的案例。此時家長才抱怨說孩子不聽話，已經太晚了！為何不在收到第一張罰單時，就做出有效處置？

青少年想騎車很正常，但家長必須適度發揮管教功能，才能避免孩子斷送前途，不要等發生重大悲劇後，才懊悔代價太大。

法律小教室

　　周元的事件責任非常嚴重，與一般的青少年觸法行為後果不同，整起事件共可分成：行政責任、刑事責任與民事責任。

一、行政責任

　　所謂「行政罰」，是指行政機關為達成行政上的特定目的，而對於違反行政法上義務的人加以裁罰。周元的行為因為違法，會被處以罰鍰、講習上課、吊扣駕照、沒入車輛等。無照駕駛的行政罰則，會處以 6 千元以上、2 萬 4 千元以下的罰鍰，並且會當場沒收車輛。假如外公是把車輛借給周元，因為周元未成年，所以也會有責任。但這個例子中，警察則會先根據法令通知法定代理人或監護人來處理。之後依照法令，周元也需要參與「道安講習」。

▶【法條 1】道路交通安全處罰條例 第 21 條第一項第一款

汽車駕駛人有下列情形之一者，處新臺幣六千元以上二萬四千元以下罰鍰，並當場禁止其駕駛：

一、未領有駕駛執照駕駛小型車或機車。

▶【法條 2】道路交通安全處罰條例 第 21 條第二項

汽車駕駛人於五年內違反前項規定二次以上者，處新臺幣二萬四千元罰鍰，並當場禁止其駕駛；如肇事致人重傷或死亡，得沒入該汽車。

▶【法條 3】道路交通安全處罰條例 第 21 條第六項

汽車所有人允許第一項第一款至第五款之違規駕駛人駕駛其汽車者，除依第一項規定處罰鍰外，並吊扣其汽車牌照一個月；五年內違反二次者，吊扣其汽車牌照三個月；五年內違反三次以上者，吊扣其汽車牌照六個月。但其已善盡查證駕駛人駕駛執照資格之注意，或縱加以相當注意而仍不免發生違規者，不在此限。

▶【法條 4】道路交通安全處罰條例 第 21 條第七項

十四歲以上未成年之人，違反第一項第一款或第三款規定者，交通勤務警察或依法令執行交通稽查任務人員應將違規事實以書面或其他方式通知其法定代理人或監護人。

▶【法條 5】道路交通安全講習辦法 第 4 條第一項第二款

汽車駕駛人有下列情形之一者，除依本條例處罰外，並應施以講習：

對象：無照駕車未滿十八歲駕駛人及其法定代理人或監護人。

二、刑事責任

　　周元因為無照駕駛而肇事、導致無辜他人死亡，已經構成「過失致人於死罪」，這個罪是公訴

罪，就算跟對方家屬、遺族和解，還是要被移送法院處置。青少年則是會被移送少年法庭，法官開庭會考量事件嚴重性，包含家庭管教功能、青少年平日表現。若是發現家庭未能適度管教約束，或青少年已多次違規被取締，卻依舊再犯的，法官會以收容的方式來處理，這是要求青少年需要學習自律。

▶【法條6】刑法 第 276 條（過失致死罪）

因過失致人於死者，處五年以下有期徒刑、拘役或五十萬元以下罰金。

　　另外，當場還有其他人因周元的肇事造成身體傷害，例如被熱油燙傷、被車子撞傷等身體健康傷害，這是觸犯了過失傷害罪。

▶【法條7】刑法 第284 條（過失傷害罪）

因過失傷害人者，處一年以下有期徒刑、拘役或十萬元以下罰金；致重傷者，處三年以下有期徒刑、拘役或三十萬元以下罰金。

　　另外，車禍當時還造成了機車毀壞、交通號誌與路面損壞、店家牆面撞毀、烹飪用具毀壞和滿地油汙等，這些都是「毀損罪」，根據刑法，可

處六個月以上、五年以下的有期徒刑。

▶【法條 8】刑法 第 353 條（毀損罪）

1. 毀壞他人建築物、礦坑、船艦或致令不堪用者，處六月以上五年以下有期徒刑。
2. 因而致人於死者，處無期徒刑或七年以上有期徒刑，致重傷者，處三年以上十年以下有期徒刑。
3. 第一項之未遂犯罰之。

　　事情還不只這樣，這些財務損壞，他也需要根據法律，負起相關的責任。

▶【法條 9】刑法 第 354 條

毀棄、損壞前二條以外之他人之物或致令不堪用，足以生損害於公眾或他人者，處二年以下有期徒刑、拘役或一萬五千元以下罰金。

三、民事責任

　　接下來關於民事責任的部分，就非常驚人。依據民法，「民事責任」指的就是交通事故發生過程中，肇事人有不當的肇事行為而因此造成損害時，必須擔負民事上的損害賠償責任。周元肇事因為造成人、財務的損害，而且可能因損害再發生更多的損失，例如傷患住院、不能工作，那麼

肇事者不但要負擔醫藥費，也要負擔對方損失的薪水。要是因為被害人死亡，可能全家人的生計因此受影響，例如被害者兒女的學費、生活費，包含食衣住行育樂等，都會被納入考量。所以不要以為只對當事人負責，事情絕非你所想像。

至於周元肇事引發的車輛毀損、道路或交通標誌毀損、店家餐具、桌等財物損害，也須負擔「民事賠償責任」。駕駛人如果是無行為能力人或限制行為能力人家長須連帶負責，意思就是周元的家長需要連帶負責。

▶【法條 10】民法 第 184 條第 1 項

因故意或過失不法侵害他人之權利者，負損害賠償責任。

▶【法條 11】民法 第 187 條第 1 項

無行為能力人或限制行為能力人，不法侵害他人權利者，以行為時有識別能力為限，與其法定代理人連帶負損害賠償責任。行為時無識別能力者，由其法定代理人負損害賠償責任。

根據上述的法律規定，周元的家長，也就是他的法定代理人需負連帶責任，包含金錢賠償，以及死亡與傷害事故的賠償。金錢賠償的部分，所有損壞的物品，都需要「回復原狀」，意思是把

所有損壞回復到車禍前。包含車輛修復、店面修復、交通號誌等，都需要回到車禍前的狀態。交通號誌受損的部分，交通局會在接到警方通知後，立刻安排工程人員前往意外現場，先把設備維修好，之後再以衍生的費用向肇事駕駛求償。

▶【法條 12】民法 第 213 條

1. 負損害賠償責任者，除法律另有規定或契約另有訂定外，應回復他方損害發生前之原狀。
2. 因回復原狀而應給付金錢者，自損害發生時起，加給利息。
3. 第一項情形，債權人得請求支付回復原狀所必要之費用，以代回復原狀。

在生命、健康受損害的部分，分別有致人於死而衍生的費用，也有相關醫療費用等，包括：殯葬費用、對第三人的法定扶養費用、精神慰撫金及死者與傷者的醫療費用等。以此案來說，是筆驚人費用。以下分析相關法源：

A. 殯葬費用：收殮及埋葬死者的費用。

B. 對第三人之法定扶養費：例如撞死他人家長，孩子年幼需要扶養，因此周元也須負責。

▶【法條 13】民法 第 192 條第 2 項

被害人對於第三人負有法定扶養義務者,加害人對於該第三人亦應負有損害賠償責任」。

　　民法中所謂的「該第三人」,意思就是指法定扶養的親屬。依照民法的規定,包含直系的血親(父母、兒女),以及夫妻等。

▶【法條 14】民法 第 1114 條

左列親屬,互負扶養之義務:

一、直系血親相互間。

二、夫妻之一方與他方之父母同居者,其相互間。

三、兄弟姊妹相互間。

四、家長家屬相互間。

▶【法條 15】民法 第 1116 條第 1 項

受扶養權利者有數人,而負扶養義務者之經濟能力,不足扶養其全體時,依左列順序,定其受扶養之人:

一、直系血親尊親屬。

二、直系血親卑親屬。

三、家屬。

四、兄弟姊妹。

五、家長。

六、夫妻之父母。

七、子婦、女婿。

扶養費則依照相關規定來計算，首先會先計算請求權人應受扶養的時間，例如年幼的孩子需要到成年 18 歲。原則如下：

• 受扶養權利人為直系血親卑親屬時，受扶養期間算至成年（18 歲）前一日。意思就是，如果對象是受扶養的兒童，會計算到他 18 歲的前一天。

• 受扶養權利人為直系血親尊親屬時，受扶養期間則會計算其餘命（可參考內政部編印「臺灣地區歷年居民平均餘命表」）。意思是，如果對象是受奉養的父母，會計算平均餘命，例如現在父親的年齡是 70 歲，而臺灣地區歷年居民的平均餘命有 16.01 年，就會以這個數字作為計算。

　　至於扶養費的計算標準，會按照被害人與受扶養權利人的關係來看。被害人將來或現在的收入、受扶養權利人的需要，以及被害人經濟能力及身分都會影響計算的金額。

　　實務上，大多以個人綜合所得稅扶養親屬寬減額，作為每年扶養費的請求標準，乘以應受扶養的年限，作為扶養費的請求金額。

C. 精神慰撫金：因他人故意或過失行為導致精神上、肉體上的痛苦，被害人本人或被害人的親屬，可就該痛苦，向加害人請求相當數額的賠償。

▶【法條 16】民法 第 194 條
不法侵害他人致死者，被害人之父、母、子、女及配偶，雖非財產上之損害，亦得請求賠償相當之金額。

D. 生前支付之醫藥費：另外，被害人被撞到送醫搶救的費用，即使治療後無效死亡，被害人仍須支付醫藥費，繼承人也能依照繼承關係，向肇事者請求賠償。

E. 傷害的賠償：主要有兩大項目，一個是受傷而損害勞動能力的賠償，另一項則是因此產生的生活花費或損失。

以第一項來說，因受傷而喪失，或減少勞動能力的損害，可以向加害者求償。

▶【法條 17】民法 第 193 條第 1 項
不法侵害他人之身體或健康者，對於被害人因此喪失或減少勞動能力或增加生活上之需要時，應負損害賠償責任。

而第二項，則是因為受傷而增加的生活上需要之費用，也可求償。例如看護費就是其中一

項，受害者可以僱請特別護士或醫院護佐。只要有合法公司開立的收據作為憑證，在訴訟實務上都會准予請求賠償。但假如是由被害人的親屬來看護，實務上通常會認為沒有實際支出費用，而無法請求。

除了看護費外，還有可能延伸以下費用：

• 義肢、義齒、義眼、拐杖等費用。

• 營養補品費。但如果沒有醫師處方，是私自購買的，就不准請求。

• 被害人乘車前往醫院之交通費。

• 醫療費用：因交通事故致身體受傷而赴醫院醫療，期間所支出必要的住院費、手術費、藥品費、檢驗費、復健費等，受害人得依民法第184條第一項規定，向肇事的加害人請求賠償。

假設被害人有參加健康保險或傷害保險，雖然他的住院、醫療費用，已由保險單位給付，或被害人自行支付醫藥費後，向保險單位領取醫療費用。但是因為被害人參加保險，主旨是要保護「被保險人」，不是要減輕損害事故加害人的責任，所以被害人還是得以請求對方賠償醫療費用。

- 停業之損失：被害人因受傷而停止工作或停業時，所減少的收入，得依民法第 184 條及第 216 條的規定來請求賠償。但必須提出薪資扣繳憑單、綜合所得稅稅額證明、公司證明或營業報稅資料，作為法院審定的依據。

- 精神慰撫金：最後還有所謂的精神撫慰金，交通事故受傷慰撫金的金額，會因為傷害輕重而有比較大的差異。依法院判例，骨折的撫慰金介於 2 萬元至 20 萬元間；頭部挫（裂）傷約介於 4 萬元至 20 萬元；植物人、下半身殘廢、失明、耳聾及其他重傷約介於 30 萬至 50 萬元間。

▶【法條 18】民法 第 184 條第 1 項

因故意或過失，不法侵害他人之權利者，負損害賠償責任。故意以背於善良風俗之方法，加損害於他人者亦同。

▶【法條 19】民法 第 216 條

1. 損害賠償，除法律另有規定或契約另有訂定外，應以填補債權人所受損害及所失利益為限。
2. 依通常情形，或依已定之計劃、設備或其他特別情事，可得預期之利益，視為所失利益。

14 只是拿走鑰匙，又不是偷車！沒那麼嚴重吧？

交給我，保證你的心情立刻變好！

今天放學後，國華心情很愉快，因為段考剛結束，他覺得自己表現不錯，答題順利，幾乎沒有不會的題目。他想著終於可以好好放鬆了。

國華和炳輝一起放學，兩人邊走邊聊。

「感覺你心情很好，是不是考試考得很滿意啊？」炳輝問道，語氣中帶著些許心事。

「你還真了解我，」國華笑著說，「我覺得這次成績應該不錯，不過還是要等發考卷才知道。」他沒有注意到炳輝的情緒低落。

「你真幸運，家裡有錢、成績又好、事事順利，不像我！」炳輝突然吐露心聲。

國華這才察覺自己的快樂可能傷害了好友，立即收斂起來。「炳輝，別這樣說。父母離婚你也無能為力。你很努力，也很優秀。」

兩人繼續走著，突然國華眼睛一亮。「你看！你最喜歡的人物模型，居然做成樂高人偶鑰匙圈！」他指著路邊停車格裡的一輛機車，鑰匙還插在車鎖上。

「哇！真的！做得好精細！」炳輝靠近機車，仔細端詳著鑰匙圈。

「喜歡嗎？」國華露出詭異的笑容。

炳輝點點頭。

「交給我，保證你的心情立刻變好！」國華說完，左右張望後，用身體擋住後方視線，開始拔鑰匙。他本來只想取走鑰匙圈，但他一時之間無法將模型和鑰匙分離，只好把整串鑰匙放進口袋。

「先走，別在這裡逗留！」國華拉著炳輝離開。

兩人緊張地快步走向國華家。到了國華家的大樓中庭花園，他們找了個隱蔽的座位。國華環顧四周，從口袋裡掏出鑰匙，吃力地取下模型鑰匙圈。

國華將人偶交給炳輝，但炳輝並不開心，「那鑰匙要還回去嗎？」他擔憂地問。

「我晚點再送回去，」國華說，「你現在心情好點了嗎？其他的事交給我，別擔心。沒事的話就快回家吧！」

「那我先走了，你有事再跟我說吧！」炳輝心事重重地離開。

就算只是鑰匙，你也要負責

國華回到家，看見媽媽已準備好晚餐。他不敢立即外

出，直到用完餐。晚上八點時，他心想再不處理，恐怕之後就無法歸還鑰匙了。

「媽！我去炳輝家借課本，明天要考試。」國華刻意裝作平靜，盡量保持語氣自然。

「快去快回，你真粗心！都快國三了還這樣。」媽媽一邊洗碗一邊回應，絲毫沒察覺兒子的不安。

國華迅速離開，回到取走機車鑰匙的地點。他左顧右盼，卻發現車子已被移走。他心想：「既然如此，應該沒事了。」回到社區後，他將一大串鑰匙拆成三份，分別丟在花圃和水池裡，希望不會被發現。

隔天，學務處生教組長突然在第一節課間進教室，低聲與老師交談後，請炳輝和國華去學務處。兩人心生疑惑，到達後看見三位便衣警察，頓時不知所措。

「你們看這段影片，裡面的人是你們嗎？」警察出示了昨天放學時的監視器影像。

國華和炳輝點頭承認。

「那麼，你們偷走的鑰匙在哪裡？」警察問道。

炳輝從口袋取出模型，放在學務主任桌上，轉頭看向國華，以為他會交出鑰匙。然而，國華卻一動也不動。

「就這樣嗎？」警察看著兩人追問。

「我只拿了模型。」炳輝誠實回答。

警察的目光轉向國華。

「鑰匙不在我這裡。」國華低聲說。

「不是你拿的嗎？」炳輝困惑地看著國華。

「我……我昨天把它丟掉了。」國華支支吾吾地說。

「你知道那些鑰匙對失主有多重要嗎？那串是機車、家裡和公司的鑰匙，你這樣做會給別人帶來很大的麻煩。」警察皺眉說道。

「我帶你們去找，但不確定能不能找到。」國華低頭說，心中懊悔不已，後悔昨天為何要亂丟鑰匙？

經過大家努力搜尋，三份鑰匙只找回兩份，另一份怎麼也找不到。國華看著失主，對方瞪著他，不斷搖頭。

「小弟弟，你得負全責！」警察嚴肅地對國華說。

「我想要」的後果
很嚴重！

　　未經他人同意就取走他人的物品，就是違法的行為。只要物品的所有權不屬於你，就無權處理或占有。凡是使用或取走，都需經所有權人同意。

　　這些道理小時候父母常常告誡我們；上學後，老師也時常提醒。然而，當我們太喜歡，或是太熱切期待擁有某樣物品，卻無法得到時，兒童與青少年就會面臨大大小小的考驗。

• 別人有的我也想要

　　例如，看見同學擁有某些特定文具，像進口筆，如果跟媽媽說需要那樣的筆，媽媽可能根本無法理解這些筆的特殊性，只是回應一句：「不要別人有什麼，你也跟著要！」

　　聽到這樣的回答，一定會覺得媽媽不了解自己。

　　因為得不到媽媽的支持（與金援），在文具店看著心愛的筆，此時又四下無人的話，真的會讓人天人交戰。

想擁有的慾望開始增強，此時很難全面思考違法行為的後果。少年法庭經常處理青少年竊盜行為的案件，他們被送到警局時，看起來都相當後悔。在法院調查時，每當詢問他們偷竊的動機，答案通常是「我很想要」、「媽媽不給我買」、「我沒想那麼多」。

從他們的回答中可以發現，他們採取違法行動時，只想到滿足自己的慾望，完全沒有考慮到不當手段需付出的代價。

• 早知道代價那麼高我就不敢了

當進一步詢問這些觸法的兒少，得到那些物品後，是不是真的如預期般的快樂？回答常常是「沒有！我擔心被其他人看見，或是監視器錄到，所以放進背包後，我完全不敢拿出來用！」、「我拿到後就把它藏在家裡，也不敢帶到學校！」、「我放了好多天才帶去學校，同學問我多少錢，我都講不出來！」、「媽媽每天會檢查我的學用品和作業，我根本就不敢用。」

原先以為擁有後一定會很快樂，但因為取得手段不當，最後不但沒有感受到快樂，反而心驚膽跳。被抓後還需要負擔法律責任、讓父母失望，後果完全不符合比

例。他們都表示，早知如此就不該偷東西。

因此，吉官想提醒，當青少年的慾望被外界物質影響，超出平日的理性思考時，請想想後果。你會發現，只有「正當手段」才能感受到真正的快樂和平靜。

💡 給老師的管教小提醒

班上若發生學生間的竊盜事件，如金錢或文具物品，對老師來說非常難處理。雖然偷竊行為通常發生在無人在場的時候，學生也會小心行事，但這些事件往往有蛛絲馬跡可循。

對於老師來說，學校教育現場不同於刑事司法現場，老師沒有強制搜查的權限。因此，面對學生失竊事件時，老師務必要依照法規、妥善處理，目的是降低再次發生的風險，而非追求破案。老師可以依照以下步驟進行處理：

1. 釐清事件發生的時間、地點及當時的情況，確保不忽略這些基本資訊。

2. 蒐集相關訊息，確認是否有學生在場或目睹可疑人事物。但不應因此直接斷定誰是肇事者。

3. 私下約談可能涉及事件的學生，讓學生有表達意見的機會，並鼓勵犯錯的學生勇於面對錯誤，給予他們彌補的機會。

4. 若情況不明確，無法明確查知，老師可請學務處協助，並利用監視器等工具。同時再度提醒學生不要攜帶貴重物品到校，以免引發其他學生觸法的誘因。

5. 若事件涉及重大損失，如財物金額較高或無法替代的物品，應通知家長並視情況決定是否報警，交由警察機關協助處理，以避免進一步的損失。

學生偷竊的原因可能很多元，例如衝動控制不佳、慾望未被滿足，或一時的錯誤判斷。因此，在處理這類事件時，老師應努力釐清學生觸法的根本原因，並提供有效的協助。例如，經常偷竊的學生，若是因心身症的衝動控制問題，則應建議就醫並進行行為學習治療，如果僅靠輔導，效果可能有限。

此外，來自弱勢家庭的學生難以滿足需求，可能因此走上觸法的道路。學校應對此類學生提供資源協助，滿足他們的基本需求，否則「飢寒起盜心」的情況下，也很難歸責是兒少的個人原因。

💬 給家長的教養小叮嚀

　　當孩子進入校園，看到同儕擁有不同的物質，便會開始向父母提出各種需求，「媽媽，可以買給我香水筆嗎？」、「我想要會發亮的鞋子！」、「我想要買遊戲機。」、「我想要看起來很酷的書包！」

　　父母應該立即滿足這些需求嗎？每個家長的做法不同。有些家長認為，只要花費不高，便會滿足孩子的要求，甚至不會詢問孩子為何想要。這種做法以滿足孩子的慾望為優先，卻可能讓孩子誤以為只要想要，就理應得到，而忽略了「想要」與「需要」的區別。

　　這樣的處理方式，可能在未來的金錢管理與物質購買上，為孩子帶來困境，並可能引發過度消費的問題。因此，每次孩子提出需求時，父母都應檢視孩子的動機。孩子的需求是否因看到同學擁有相似物品而引發？這是否符合孩子當前的需求？

　　父母可以和孩子一起了解該物品的價格及使用的必要性。如果孩子確實有需求，父母可以基於必要性來購買；但若僅屬於娛樂性需求，則可以討論讓孩子在達成特定條件後獲得。例如，讓孩子主動協助家務 20 次、

自己起床 1 個月，或幫忙澆花和倒垃圾等。這樣的做法能讓孩子明白，任何收穫都需要努力，而非理所當然。

　　相反地，若父母都只是直接回應「不可能」或「長大再說」，這樣的回答可能讓孩子選擇用自己的方式滿足慾望，甚至可能因此採取觸法的方式快速解決，最終導致錯誤的行為模式。

法律小教室

　　未經過他人同意，就取走他人物品並占為己有，會涉及刑法的竊盜罪。

▶【法條1】刑法 第 320 條

1. 意圖為自己或第三人不法之所有，而竊取他人之動產者，為竊盜罪，處五年以下有期徒刑、拘役或五十萬元以下罰金。
2. 意圖為自己或第三人不法之利益，而竊佔他人之不動產者，依前項之規定處斷。
3. 前二項之未遂犯罰之。

　　偷竊後獲取的物品，需要返還原來所有權人，因此若是將該物品毀損、丟棄，都需要依規定賠償。賠償的標準，一般可根據被竊物品的市價、購買價格和折舊程度來決定賠償金額。

▶【法條2】民法 第 184 條

1. 因故意或過失，不法侵害他人之權利者，負損害賠償責任。故意以背於善良風俗之方法，加損害於他人者亦同。
2. 違反保護他人之法律，致生損害於他人者，負賠償責任。但能證明其行為無過失者，不在此限。

　　有人會問，如果跟他人借東西還沒歸還會被告竊盜嗎？

借用他人財物不會構成竊盜罪。竊盜罪的成立不但要有竊取他人財物的客觀行為，還要有行為人主觀上，有不法占為己有，或第三人所有的意圖。所以如果只是借用東西，但是還沒歸還，原來的目的是暫時借用，並沒有占為己有的意圖，因此不符合竊盜罪的構成要件。

15 打火機加上殺蟲劑，
威力超驚人！

222

暑假是漫長的假期，對學生而言，自由時間變得特別多，終於能做一些平時想做卻無法完成的事情。

　　源豐、尚義和德建三人參加完暑期游泳課後，聚在公園涼亭裡。雖然晚間沒有白天那麼炎熱，但可能因為家家戶戶都開了冷氣，吹來的風仍帶著熱氣和悶濕的感覺。他們坐了一會兒，汗開始冒出來，剛游完泳、洗過澡的清爽感很快就被黏膩的汗珠取代。尚義忍不住站起來，想讓身體涼快些。

　　三人換著姿勢，有的坐著、有的躺著、懶散地趴在公園的石椅上，尋找最舒服的姿勢。突然，源豐注意到石椅下似乎有東西。他撿起來一看，原來是一個打火機。他試著點燃，發現居然可以使用，便開始亂點火，捉弄尚義和德建。

　　「危險死了，不要鬧了！」尚義躺在石椅上滑手機，被源豐的惡作劇弄得很不耐煩。

　　三人越坐越熱，尚義突然靈機一動：「走！去 24 小時營業的大賣場，整天都有冷氣。」他的語氣興奮。

大賣場就是我的遊樂場

於是三人嘻嘻哈哈地背著包包，走進了賣場。晚上的賣場和白天截然不同，顧客少了許多。他們四處閒晃，時而東摸西瞧，最後走到了家具區，乾脆坐在沙發上休息。三人都心知肚明，只要別太過分，應該不會被趕走。他們拿出手機，玩起遊戲，感覺比在家還要舒適。

尚義瞥了一眼時間，發現已經快 10 點了。他心想，今天爸媽加班，可能會晚點回家，不過自己也該差不多回去了。他正準備開口說話時，源豐卻忽然拿著撿到的打火機，邊走邊笑地走過來。

「過來一下，帶你們看個好玩的東西！」源豐神祕地說，領著兩人走向雜貨區。此時，家具區的人已經所剩無幾，賣場越來越安靜。

「你看，這個好玩！」源豐舉起一瓶殺蟲劑，開始胡亂噴灑。

「臭死了！你在幹嘛啦！」尚義立刻摀住鼻子，躲到一旁。

「不要玩這個，太臭了！」建德也皺起眉頭，摀住鼻子躲開。

源豐一邊笑，一邊從口袋掏出之前撿到的打火機。他點燃火苗，尚義則拿著殺蟲劑，試圖推開他。建德看到這場面，也拿起另一罐殺蟲劑，走向源豐。

　　沒想到，源豐用打火機朝向建德的方向點火，建德下意識地將殺蟲劑朝源豐噴去，心想這樣火應該會熄滅。然而，火焰卻瞬間變得好大，突然爆發熊熊烈火。

　　源豐驚慌失措，立刻把打火機丟在地上，而尚義竟還繼續用殺蟲劑朝火焰噴射！火勢迅速蔓延，賣場的警報器立即響起，消防灑水系統啟動，但火源依然無法控制。賣場的員工全都驚慌地衝了過來，有人趕緊撥打電話叫消防隊，其他人開始疏散顧客。

　　尚義、建德和源豐也被帶到店外，他們三人看著裡面熊熊燃燒的火勢，嚇得一句話也說不出來。當晚，賣場的大火持續到清晨才被控制住。消防車趕到現場，消防員們拚命撲滅火勢。

　　三人知道自己闖了大禍，驚恐萬分。當父母打電話聯絡時，他們已經被警方留置調查，因涉及公共危險罪被移送警局。

　　他們身上滿是煙燻的汙漬，狼狽不堪。當父母趕到現

場，看到眼前的情景時，全都驚呆了。

　　建德不停地喃喃自語：「我不是故意的，我真的不是故意的……」

無知和衝動
會引發大災難

青少年普遍不喜歡父母嘮叨，渴望自己掌控生活的決定權。因此，當他們提出想要單獨外出時，家長通常不是反對，就是反覆叮嚀。這些叮嚀在父母眼中是出於關心，但青少年可能會覺得煩人，甚至感到不被信任，逐漸將父母的提醒當作耳邊風。

• 有趣的衝動行為，其實很危險！

在外與同儕相處時，因為大家的判斷力和理解能力相似，再加上衝動和冒險心態，很容易在朋友的鼓勵慫恿下，導致行為失控。這時候，又因為往往只有推力而沒有剎車，暴衝行為更容易出現。例如，玩打火機本來就是一個危險的行為，若不小心點燃了易燃物，便可能引發火災。如果還使用化學藥劑助燃，不但無法滅火，還可能造成更大的損害。

在這個案例中，當源豐向同學點火，出現危險舉動時，同學手持殺蟲劑，看似能用噴霧滅火，但實際上，

他們並不清楚殺蟲劑中的成分，甚至連大人也可能不了解。其實殺蟲劑遇到火源可能不只無法滅火，還會引發更嚴重的火災。

殺蟲劑遇火之所以會引發大火，是因為殺蟲劑除了有殺蟲成分外，還有「推動劑」，例如丙烷和丁烷等碳氫化合物，也就是大家常聽到的「瓦斯」。瓦斯屬於易燃物，接觸火源時會燃燒、引發火勢。若附近有易燃物質，火勢就可能快速蔓延，一發不可收拾。

專家還強調，殺蟲劑所使用的高壓罐在出廠前，會經過嚴格的壓力測試，確保沒有膨脹或漏氣等異常情況才能出廠。然而，無論是殺蟲劑的內容物還是高壓罐，一旦接觸火源，都有引發火災甚至爆炸的風險。因此，所有殺蟲劑瓶罐上都會有警示，提醒用戶遠離火源，以防發生意外。

廠商也都會在瓶身提醒，使用殺蟲劑時，應該要確實將裡面的內容物完全用完再回收處理，如果殺蟲劑未用完就隨便丟棄，清潔人員在回收過程中可能因高壓罐受到擠壓或接觸火源，導致爆炸傷人。因此，回收殺蟲劑時必須特別注意安全，以免發生意外事故。

💡 給老師的管教小提醒

　　青少年攜帶危險物品到學校時，老師務必依規定進行管教，並及時通知家長了解情況，要求家長配合監督，防止學生因持有危險物品，而對自己或同學的身體健康造成危害。如果因家長疏於管教，導致人身或財物損害，家長將承擔連帶賠償責任。

　　此外，學生在化學課、物理課、美術工藝課及童軍課等課堂中，可能需要操作化學器材或化學物品。指導老師必須仔細提醒學生，並在現場監督，隨時留意可能因操作不當而引發的安全隱患。如果因操作不當造成損害，不僅學生需要負責，教師也可能因監督疏失而承擔責任，因此必須格外謹慎。

💬 給家長的教養小叮嚀

　　在為孩子購買玩具前，家長都會謹慎評估其安全性。同樣地，對於文具的使用也需加強提醒，例如孩子使用美工刀和剪刀時，務必要注意安全，不要因為孩子年紀較大，就認為不會出問題，許多意外都是在疏忽中發生的。

對於打火機等危險物品，家長更應提醒孩子不可玩弄，而非在孩子出於好奇時，未能及時告知其危險性，最後引發大禍。許多意外其實是可以避免的，但往往因家長的疏忽而發生。因此，家長必須高度警覺，切實承擔責任，保護孩子的安全。

法律小教室

　　凡是侵害社會法益，並且涉及安全的犯罪，便屬於「公共危險罪」。案例中的三人，除了觸犯了公共危險罪，還可能構成「縱火罪」。縱火罪分成兩種，如果是故意稱為「放火」，不小心則是「失火」。

▶【法條1】刑法 第 173 條

1. 放火燒燬現供人使用之住宅或現有人所在之建築物、礦坑、火車、電車或其他供水、陸、空公眾運輸之舟、車、航空機者，處無期徒刑或七年以上有期徒刑。
2. 失火燒燬前項之物者，處一年以下有期徒刑、拘役或一萬五千元以下罰金。
3. 第一項之未遂犯罰之。
4. 預備犯第一項之罪者，處一年以下有期徒刑、拘役或九千元以下罰金。

▶【法條2】刑法 第 174 條

1. 放火燒燬現非供人使用之他人所有住宅或現未有人所在之他人所有建築物、礦坑、火車、電車或其他供水、陸、空公眾運輸之舟、車、航空機者，處三年以上十年以下有期徒刑。
2. 放火燒燬前項之自己所有物，致生公共危險者，處六月以上五年以下有期徒刑。

3. 失火燒燬第一項之物者，處六月以下有期徒刑、拘役或九千元以下罰金；失火燒燬前項之物，致生公共危險者，亦同。

4. 第一項之未遂犯罰之。

▶【法條3】刑法 第 175 條

1. 放火燒燬前二條以外之他人所有物，致生公共危險者，處一年以上七年以下有期徒刑。

2. 放火燒燬前二條以外之自己所有物，致生公共危險者，處三年以下有期徒刑。

3. 失火燒燬前二條以外之物，致生公共危險者，處拘役或九千元以下罰金。

▶【法條4】刑法 第 176 條

故意或因過失，以火藥、蒸氣、電氣、煤氣或其他爆裂物，炸燬前三條之物者，準用各該條放火、失火之規定。

　　縱火罪會再將罪責分成有人居住或無人居住的情況，因為可能造成的危害大不相同，罰則也有所不同。

峻焜看著班上最有錢的同學宇舜，宇舜出手大方，使用的用品高檔，服飾也都是頂級品牌。從新款手機到最新的遊戲機，無一不是最新潮流。他天天喝著手搖飲，餅乾零食吃不完，讓峻焜無比羨慕。

　　但峻焜心裡也明白，以自己的家庭條件，能吃飽、上學就已經很不錯了。除非下輩子重新投胎到富裕人家，否則要改變命運、脫貧致富，幾乎不可能。

　　大概是太想賺錢，峻焜常在個人社群軟體上發表這類言論：「好想賺大錢！」、「好想變有錢！」、「人生不公平！」

　　這些話他其實只是用來抒發心情，因為他知道，這種話講再多也沒用。沒想到的是，吸引力法則似乎真的存在。他的訊息居然引來了陌生私訊：「賺錢的機會來了！」

　　錢錢：想賺錢？發財？改變命運？

　　峻焜：你誰？

　　錢錢：財神爺！

　　峻焜：騙誰，鬼片看太多？

　　錢錢：不信就拉倒，機會是靠自己爭取的。

　　峻焜：機會？什麼東東？

錢錢：剛好瀏覽到你的社群軟體，我也曾經這樣！同病相憐，才想報好康給你。

峻焜：不是違法的吧！別想害我！

錢錢：賺錢要合法、靠實力，誰跟你違法。不要拉倒！

峻焜：怎麼賺？

錢錢：你是學生嗎？

峻焜：是啊！

錢錢：想不想利用今年暑假去柬埔寨一趟，幫我們出差打工，去年的暑假我自己一個月拚了 18 萬，你想試試嗎？

峻焜：柬埔寨？新聞說那裡很可怕，會死人的。

錢錢：沒錯，但是我的柬埔寨跟他們不一樣。

峻焜：屁啦！哪來兩個柬埔寨？

錢錢：就說你不懂！

峻焜：誰不懂？

錢錢：我的朋友在柬埔寨投資做賭場，聽過荷官嗎？負責發牌的，假期生意非常好，所以很缺人手，還可以抽成分紅，做得多，收入就多。

峻焜：電影有演過，我知道。

錢錢：所以想不想？

峻焜：要怎麼弄？

錢錢：護照先給我，我們先買機票，公司會安排行程，後續還要跟柬埔寨那裡的人說好，費用我們全包，你可以放心。

峻焜：我擔心爸媽知道會反對。

錢錢：你呆哦？幹麼告訴他們？先辦出國，錢賺到就回國，他們知道會開心死，怎麼可能罵你？

峻焜：我想想！

錢錢：機會只在一瞬間，放棄遺憾終生！

峻焜：那護照怎麼給你？

錢錢：用店到店寄便利商店，你到附近便利商店寄出，越快越好。

峻焜：不能騙我，不然我報警。

錢錢：同學，騙人家去賺錢沒聽過吧？我一塊錢都沒要你出，錢賺到你會感謝我的。

峻焜：那你等等，我寄出會私訊你。

錢錢：盡快，暑假越近機票越難買。

峻焜私下把護照寄出去，其實他考慮很久，很擔心被

騙，但一個月可以賺十幾萬，都能幫忙爸媽分擔家計了，看起來是好事！被騙頂多就回國，他們應該也不敢怎樣。

二十多天後，錢錢突然私訊他，轉知他把護照寄回了，並且把行程都發給峻焜。暑假第二天就要出發，看起來很真實，但感覺也很虛幻，像夢一樣！

峻焜：收到了，到時候怎麼去機場？

錢錢：我們會派車去接你，你家地址發給我。

峻焜：我沒有跟我爸媽說，萬一他們知道怎麼辦？

錢錢：賺錢也不是壞事，你出境後傳個訊息讓他們安心，不要什麼都不說。

峻焜：我想也是。

錢錢：準備一下行李，你的美好人生即將展開。

峻焜：我會努力。

我去賺大錢，一個月就回來！

峻焜私下整理行李，出發當天一大早出門，搭接駁車到機場，直接去櫃臺報到。確定可以登機出發，峻焜心情有點複雜，因為他知道國外和國內不同，確實很擔心被

騙。但是他也知道，不冒險不可能賺大錢！他下定決心，三十天後回臺灣，一定要荷包滿滿，讓爸媽開心！於是他依指示前往出境大廳，等待飛往柬埔寨。

峻焜登機前傳訊息給父母：「爸媽，我到柬埔寨去幫朋友打工，聽收入很高，你們不用擔心我，一個月後我就回來，我會注意安全！」

峻焜爸媽看見訊息，立即去房間確認，峻焜人跟護照都不見了，衣服也少了很多，嚇得爸媽立即聯繫峻焜好友。大家都不知道發生什麼事，媽媽要爸爸趕快報警。

「孩子被賣去柬埔寨了！」媽媽看著父親生氣地說著。

「不可能吧？他怎麼敢一個人到國外，你不要激動，我先想想怎處理。」父親後來從峻焜同學身上打聽到，他應該真的已經去柬埔寨，他們內心相當慌亂。

峻焜爸媽最後決定到警察局報案，警察接獲相關訊息後，開始與出入境管理局聯繫，果然確定峻焜已經跟著幾個年輕人一起出境。

「他看起來沒有被脅迫。」警察從監視器上，確認峻焜跟其他人的互動中，並沒有受到暴力脅迫的跡象。

「我的孩子是被騙的，如果知道真實情況，他不會去

的。」父親焦急地說。

「到柬埔寨後，他可能還會使用手機，到時候你們再跟他確認一下，我們才能有後續的行動。」警察安撫著峻焜父母。

果然幾個小時後，峻焜傳來報平安的訊息。

峻焜：爸媽，我順利到國外了！你們放心，只要打工結束，錢賺夠了，就會回家，你們要好好照顧自己。

爸爸：峻焜，你說實話，被騙要說！是誰強迫你？不用怕！我們已經報警了，他們是很可怕的集團！警察會幫你，只要你說清楚，警察會聯繫救援組織去救你，不要擔心，趕快告訴我們。

峻焜：爸爸，你放心，我沒事，在這裡一切都很好。

爸爸：峻焜！你不要呆呆被騙！

峻焜：不多說，我要工作了，有空我會報平安。

爸爸：峻焜！你別傻了，快點回來，我們會幫你！

爸！救我！快救救我！

之後峻焜完全沒有回應，因為這樣，連爸爸都開始鬆

懈，他心想，孩子也不笨，也許峻焜說的是真的？畢竟如果被強迫，態度不會這麼輕鬆，所以爸爸只好拉著媽媽回家。

「你不想辦法救孩子在幹麼？」媽媽氣得拍打爸爸。

「我感覺他剛剛的口氣不像被強迫，也許我們想太多了，孩子都 16 歲，他如果被傷害，不會不說，算了，走一步算一步！」爸爸居然也認同峻焜的做法。

「那為什麼新聞一直報，說不能去柬埔寨？」媽媽還是非常不放心。

「你沒去過，我也沒去過，根本不知道新聞是不是真的，我們就先看看，不行再把峻焜叫回來。」爸爸心想，孩子有自己的成功機會，新世代或許真的不同於以往吧？

就這樣，峻焜偶爾會發訊息報平安，但是半個月後就完全沒有訊息了。家人等得很焦慮，有一天，峻焜爸爸突然收到峻焜訊息。

峻焜：爸爸，救我，我受不了，我快被打死了……

爸爸：他們對你怎麼了，講清楚！你人在哪裡？

但是峻焜又是訊息全無，連之後父親的訊息都沒讀。

父親立即到警局找警察，但是警察無奈地把相關規定與困境告知峻焜爸爸：「峻焜爸爸，你知道，全球反詐騙組織在營救過程會犧牲許多人，所以就算想營救，也是有條件的。你的小孩不是被脅迫，是自願過去的，可能很難符合救援的條件，之前剛去的時候也許有機會，現在可能要找其他的辦法。」

　　「拜託，不要放棄峻焜，你們一定要去救他，我擔心他會有生命危險。」爸爸拜託到幾乎跪在地上。

　　「我們會把訊息都轉知反詐騙組織，由他們評估，我想他們也會找機會營救孩子的，爸爸你擔心再多也無能為力。唉！」連警察都嘆了一口氣。

　　又經過一個多月，眼見快開學，但是峻焜還是沒消息。這時候，爸爸突然收到峻焜訊息。

　　峻焜：快轉帳 200 萬，換孩子一條命，最後機會！

　　爸爸：發生什麼事？講清楚，怎麼轉？

　　峻焜：用虛擬貨幣，我會把連結給你，要孩子的命就配合。

爸爸立即把手機拿到警局，警察看見峻焜父親，皺著眉搖頭說：「峻焜爸爸，我正要找你，根據救援組織回覆消息，峻焜在那裡的工作績效很差，因此被毒打、關禁閉、灌水，後來又被轉賣到其他園區，現在好像情況很不好，他的行蹤我們都還在持續追蹤。」

　　「那我們是不是要去轉帳？不然孩子怎麼回來？」爸爸更焦急地詢問。

　　「就怕你們轉了帳，孩子還是沒辦法回來，這樣的事非常多！」警察提醒峻焜爸爸。

　　「那到底要怎樣？拜託政府救救我的孩子，他還未成年，那些人怎麼可以這樣對他！」媽媽哭喊著。

　　經過大半年，峻焜都沒有消息，峻焜爸媽吃不下飯、睡不著覺，心都被撕裂了。之後在新聞看見相關報導：

　　「臺灣、中國和馬來西亞等地有許多年輕人被騙到柬埔寨工作。說是在賭場工作，結果都是在當詐欺犯，負責打電話詐騙。詐騙還要看績效，績效不好就會被凌虐甚或被關狗籠。而且園區戒備森嚴，幾乎很難逃脫，只要進入園區，下場就很難預料。」

　　峻焜爸媽看著新聞抱頭痛哭，「誰能救救我的孩子？」

甜美話術背後有暗黑的陷阱

「不見棺材不掉淚」這句話,是吉官在處理案件時,聽到警方對於不聽忠告、執意到境外打工的青少年所下的結論。

警方表示,境外打工絕非如想像的中美好,有很大的風險和危機。但是許多青少年完全沉溺在賺大錢的話術中,即使家長到警局求助,要求警方出面勸導自己孩子,阻止他們到境外打工,但是青少年和年輕人幾乎都不買單,甚至還跟警方起衝突,要求他們不要介入個人的生活規劃。

• 無本成功的風險超過你想像

果然出境後沒多久,這些孩子就會偷偷聯繫家長要求救助。有成功回來的,也有從此失蹤、下落不明的。成功救回的被折磨得不成人形,女生被強暴、身心飽受凌虐,男男女女的身體器官都可能被摘取販賣。他們直到最後才知道,自己做錯了決定,但是傷害不可逆,已

經付出非常大的代價，更何況其他沒辦法回來的人，下場沒人知道。

吉官告訴大家，獲得成功的路上本來就需要冒險、付出努力，但是冒險前需要謹慎評估、蒐集資訊，而不是在盲目的衝動下靠感覺行事。許多會傷害你的事，都有美好的話術，例如日進斗金賺大錢、絕對不犯罪、高收入、無須貸款就能開名車，青少年很難不被影響。

這些聽起來都讓人躍躍欲試，但是大家不妨仔細想想，正在唸國高中的青少年，連基本學歷都沒有完成，也沒有任何專業，只要出境就能日進斗金，是為什麼？不花一毛錢，只要去境外就有豪車，那又是為什麼？

更可怕的事，這些條件都是「要出境」。仔細想想，是不是先把人帶到境外，讓人求助無門，就只能配合對方的要求？而這些事，肯定都是犯罪行為吧？不然這麼好賺的事業，他們國家的人民自己賺就好，哪裡輪得到外國人來分一杯羹？這樣思考後，你就知道，對方說的都是糖衣炮彈，裡面包的全部都是毒藥。

不符合比例原則的事，都需要你謹慎思考。賺錢當然可以，合法和安全的賺錢途徑，才是前提要件。

💡 給老師的管教小提醒

班上的學生家庭環境本就多元，有高所得、小康及低收入戶等。老師無法禁止家長為孩子購置奢侈品，但學校畢竟是學習場所，因此需要提醒「財不露白」，保持低調非常重要。請老師應該建議家長，避免讓孩子攜帶高價商品到校，例如遊戲機、高價穿戴裝置等，以免影響學習，並讓其他同學產生覬覦心理。

不需要炫耀自己過著好生活，保持低調可以讓孩子學會珍惜，也能保護自己。吉官處理青少年事件，曾目睹許多令人痛心的案件，而發生的原因，往往源自同學家庭間的財富不均。

例如，有家庭較富裕的學生長期被勒索，而家長毫不知情，直到後來孩子連吃飯的錢都被取走，家長才發現異常。也曾有同學將班上特定富裕學生的資訊提供給校外不法成年人，導致該學生遭綁架並不幸遇害。

他們之所以會受害，都是因為家境富裕而起。因此老師可以提醒學生，適度的學用品花費、符合個人身分的服飾打扮，都能讓自己低調保平安。

💬 給家長的教養小叮嚀

家長拚命工作賺錢，都是想要提供孩子最佳的生活環境。甚至自己省吃儉用，卻給孩子最好的生活用品，這些都是家長對孩子的愛，非常合理。

然而，因為物質生活的優渥，很有可能讓孩子因為可以輕易取得這些高價商品，而無法了解父母親的辛苦。當這些物質變成日常或理所當然，日後當父母親無法再提供時，他們反而得嘗盡「由奢入儉難」的艱辛。

吉官曾經在少年輔導中，處理過許多令人難過的青少年觸法事件。像是原生家庭提供過度的物質生活，使孩子在成長過程中養成越來越高的需求，也容易跟別人互相攀比。但是「人比人、氣死人」、「人外有人、天外有天」，這種狀況有一天一定會失衡，當家長無法再支應孩子各式各樣的消費時，孩子反而對家長產生怨恨，甚至暴力傷害家長。父母親責怪孩子無法體諒、太不懂事，而孩子反而怪父母憑什麼不再供應。這些互相指責不只傷害了雙方的心，未來也會有很多難以克服的難關。家庭問題、經濟問題，加上可能有的法律問題，一重疊著一重，對任何家庭都是很大的困境。

真心建議家長，不管家庭的經濟資產有多豐厚，最好都要謹慎養成孩子的金錢觀、價值觀。好的物質生活，對孩子來說當然不只是享受，也是資源。但是許多孩子對父母的收入一知半解，更可怕的是對於生活的開支也一無所知，不知道父母需要負擔的不僅是日常食品，也包含家庭費用（如水電等固定費用）和看不見的保險費用等。

　　孩子應該要了解父母親的辛勞，並知道物質需要付出與努力，無論是勞動或是資本風險等都是其中一環。千萬別讓孩子覺得，父母給的一切都是理所當然、都是自己應得的。

　　另外，以高物質享受誘惑青少年到境外賺錢的事件越來越多，家長要仔細觀察孩子、保管好護照，別讓孩子被利用，葬送前途。

248

今天，光仁帶著一個近 30 公分高的立體機器人模型到學校，立刻吸引了一大群同學圍觀。這個模型做工精緻、栩栩如生，彷彿是電影角色的縮小版，甚至更精緻，讓同學們驚呼不已。

「這麼高級的模型是在哪裡買的？」小胖好奇地問。

「臺灣沒有賣，這是我爸去日本出差時買的，要事先預訂，是限量的。半年前就得預先付款排隊，很貴。」光仁謹慎地說，「今天我是偷偷帶來的，你們只能看，不要摸，弄壞了要賠錢的。」

他小心翼翼地把模型擺在桌上，雙手護在模型兩側，表現出極度的保護。

「哇！太酷了！」志文驚嘆道。他平時也有在收藏模型，但他的收藏品都是普通款，限量版的模型正是他夢寐以求的。他盯著光仁的模型，眼睛都發直了。

上課鐘響了，光仁立刻收起模型，擔心老師發現後會責怪他把這麼貴重的玩具帶到學校。其實，老師已經多次提醒他不要這樣做，但光仁心裡想，老師只是怕同學們羨慕。儘管如此，光仁覺得這是一種分享生活經驗的方式，算不上什麼大問題。

該借，還是不該借？

老師進教室後，如常的上課，什麼也沒發現。沒多久，志文突然從後座請同學傳紙條給光仁。

「光仁，下節課可以借我玩一下你的模型嗎？那是我最愛的機器人，我真的很想摸摸看。我會很小心，不會弄壞的。你不用擔心，我一定會好好保護他。下次你需要抄數學作業的時候，我一定借你。拜託了！」

光仁看見紙條後，心裡非常猶豫。這個模型是爸爸收藏中最貴的一款，也是爸爸的最愛。在家裡，沒人能碰它，它一直都放在爸爸房間的玻璃櫃裡。他今天偷偷帶來學校，已經冒了很大的風險，內心也很不安。現在，志文還要借，他更是為難。

可是怎麼拒絕呢？前幾天體育課時，志文特地跟他同一組，讓他們的羽毛球雙打輕鬆取勝。光仁對羽毛球一竅不通，完全靠志文的神救援。上星期，他也抄了志文的數學作業。志文處處幫他，現在不借，志文可能會生氣。可是，萬一弄壞模型，後果也不堪設想。

光仁心裡反覆掙扎，想趁著老師轉身寫黑板的時候，告訴志文不能借。但當他看到志文拱著雙手拜託，露出一

副可憐兮兮的表情時，心一軟，只好無奈地點了點頭，然後轉過身去。

下課鐘一響，志文果然立刻走向他。光仁心裡還是很想說：「不要拿去玩，看看就好。」但他怕自己顯得很小氣。他慢慢地從手提袋裡取出模型，輕輕交給志文。他看到志文眼裡閃著光，滿是期待，而其他同學則羨慕地望著志文。

光仁的內心充滿了矛盾，他看著志文把模型拿回座位，心裡依然忐忑不安。

「有點沉，一定要小心，上課前還給我！拜託，千萬不要摔到，或者被什麼東西刮到。如果出事，我爸一定不會放過我的！」光仁再三叮囑，語氣充滿擔憂。

「放心吧！我會小心的。」志文接過模型，動作非常小心謹慎。

志文把機器人帶到班上的後座區，引來一大群同學圍觀。大家的動作讓光仁嚇得不輕，有人居然伸手想去摸，還有人試圖拉扯志文。

光仁趕緊跟了過去，發現志文正迅速保護著機器人。他見狀稍微放下心，只能回到自己的座位，但仍遠遠盯

著，擔心出問題。他完全看不清楚圍觀的人群裡發生了什麼，只能聽到大家不斷討論。有人還說摸起來「手感很好」，這句話嚇得光仁立刻大叫：「不能碰！」

「放心啦，不會有事的。」志文立即回應，試圖讓光仁安心。

接著，光仁似乎聽到有人說：「機器人的頭可以360度旋轉，手臂也能動。」這話聽得光仁心驚膽戰，真的不敢再想下去。

誰說是我弄壞的，我不背這鍋！

終於，上課鐘聲響起，志文小心翼翼地將模型還給光仁。光仁接過後，仔細檢查了機器人上下、前後，確認一切無恙，才鬆了口氣，把機器人重新放回提袋中。這時，他的不安才稍微平息。

放學後，光仁趁家人還沒回來，偷偷進入父親的書房，把模型重新放回玻璃櫃內。但是他放好機器人後，機器人的手就順勢掉了下來。光仁嚇得立刻把掉下來的零件裝回原位，可是不管怎麼弄，手臂總是無法固定。他心裡暗自叫苦：「完蛋了！爸爸一回家就會發現，這下糟了，下

場肯定很慘。」

此時，光仁心裡更氣了，志文沒有誠實說出模型出了問題，卻假裝完好無損地還給自己。現在這模型壞了，肯定要賠償，可是該怎麼辦呢？當時自己也沒仔細檢查，這樣下去，恐怕會起爭執。完蛋了！

果然，爸爸下班後一走進房間就大喊：「誰動我的東西？」爸爸的聲音非常可怕，彷彿隨時要爆發。

「幹麼那麼大聲，別嚇到小孩！」媽媽正忙著做晚餐，圍著圍裙，雙手濕漉漉地從廚房跑進父親的書房，「我早就跟你說過，花那麼多錢買什麼限量模型！這種東西就是外觀看起來好看，放久了就會壞，這錢是不是白花了？」媽媽本來就反對爸爸花錢買模型，現在趁機責備起爸爸來。

「東西好端端地放著，怎麼會自己壞掉？去叫光仁過來，一定是他弄壞的！」爸爸抱著壞掉的機器人，心疼地對媽媽吼著。

光仁知道自己已經無處可逃，只能低著頭慢慢走進爸爸的房間。他明白，這次只能坦白承認，因為爸爸只要稍微問一問其他同學，事情就會穿幫。他可不想再因為說謊而被罵得更慘了！

「爸爸，對不起，我今天偷偷把機器人帶去學校，借給同學志文。他弄壞了也沒跟我說，我都不知道。明天我會去叫他賠，爸爸不要生氣，我下次不敢了！」光仁幾乎是哭著說這些話，頭低低的，不停地擦著眼淚，看起來非常害怕和後悔。

爸爸聽完後，雖然看見光仁道歉的樣子有些心疼，但想到模型壞掉還是很生氣。「你為什麼不跟我說？我自己都不願意拿給別人玩，最多分享幾張照片，就是因為機器人需要好好保護，才放在玻璃櫃裡。你怎麼這麼不聽話，真是氣死我了！」

媽媽見狀，趕緊過來圓場。「好了，明天去學校跟志文說清楚，讓他負責賠償。如果他自己賠不了，一定要請他家長出面處理。如果他們不負責，我們就告訴老師，最後實在不行的話，就讓他們家長來處理。」

「我知道，我會要他賠的！」光仁小聲地自言自語。

「這麼貴的東西，就怕他們不認帳，幸好我有保留購買憑證。」爸爸打開抽屜開始翻找憑證。

隔天一到學校，光仁氣沖沖地走向志文。

「你害死我了！」光仁把心中的委屈和憤怒一股腦兒

全倒了出來。「機器人拿回家後，左手掉下來，完全裝不回去！我說過不能摸，只能看，你為什麼害我？我爸爸很生氣，說要你賠。這是機器人的金額，你拿去給你爸媽看，讓他們賠錢。如果不賠，我就告訴老師，而且我爸媽還要告你！」

志文聽完，瞪大眼睛，滿臉錯愕。「什麼？手掉了？怎麼可能，這跟我沒關係啊！我沒有碰機器人的手，應該是它本來就壞了吧。」

「那是全新的好嗎？」光仁激動地回應，「我爸爸剛買回來的時候檢查得非常仔細，要是有問題，他早就退貨了。機器人一直放在玻璃櫃裡，我昨天拿出來時也是好的，只有你拿過去玩了之後，它才壞掉。你還敢說謊？這可是限量版，賠錢也買不到，所以我爸說可能要加倍賠償，你得負責！」

志文也不甘示弱，反駁道：「我沒有！你這是在誣賴我吧？再說昨天還你的時候，我們還一起檢查，沒有問題才收起來的！是不是你自己放學後弄壞的，現在想把責任推到我頭上？我不背這個鍋！」

兩人你來我往，氣氛劍拔弩張，誰也不願意退讓。志

文心裡清楚，自己沒弄壞機器人，而且他也賠不起。而光仁則擔心不把責任推到志文身上，爸爸絕不會饒過自己。

聽完光仁的說法後，老師顯得不太高興：「不是早就說過，不要帶高價物品來學校嗎？你怎麼這麼不聽話！」

光仁急忙解釋：「我只是想分享給大家看！我爸爸也不知道。老師，這個模型真的很貴，而且是絕版限量的，拜託老師幫我，志文應該要負責。」

老師隨後詢問了當天在場的同學，但情況很複雜，沒人能證明機器人的手臂是被志文弄壞的。經過調查，老師也無法確定過失到底是不是在志文。

「這個機器人價格確實太高，又是限量版，光仁，我建議你還是請家長直接和志文的家長溝通。至於賠償的問題，可能需要透過法院或調解專業人士來幫助解決，這樣才能得到公正的處理。」老師耐心地解釋給兩位學生聽。

光仁滿臉疑惑，問道：「老師，那如果不是這麼貴的東西，是不是志文還是應該負責賠償？這樣的事情在同學之間也常常發生啊，不能就這樣算了吧？」

借用是友好及互助，但同樣有責任和風險！

吉官告訴你

校園裡面的人際互動多元，包括財物的互動、使用，都是很普通的事情。這種行為不僅體現了同學之間的友好關係，也是培養學生社交能力和責任感的重要途徑。然而，當借用的物品不慎損壞時，我們該如何處理這種情況呢？即使損壞並非出於故意，還是有責任歸屬問題。

• 借用別人的物品就要負擔責任

無論是文具、書籍還是電子設備，只要這些物品在借用過程中受損，借用者都應該承擔一定的責任。

也因為這樣，大家更應該謹慎考慮，是不是避免帶貴重物品到學校？高價物品不僅容易引起不必要的關注，也增加了遺失或損壞的風險。青少年不要覺得自己年紀還小，無法承擔責任就不代表不用負責，其實家長一樣需負起連帶責任，所以可能因此給家庭帶來不必要的經濟負擔和法律糾紛。

為了減少這方面的困擾，家長和教師都應該積極教導孩子，自己的物品自己帶齊，這樣既能降低借用他人物品的機會，免除糾紛，也能學會每天整理個人的學用品，培養獨立性與責任感。

　　如果要借出物品，也應該適度考慮可能的風險和後果。借用他人物品時，要加倍愛護，如同對待自己的物品一般，無論是否為故意損害，都有相應的責任。

給老師的管教小提醒

　　學生的家庭背景各不相同，經濟狀況也有差異。有些家長並非刻意炫富，而是已經習慣了某種生活方式，因此輕易為孩子購買高價個人物品。例如，許多小學生佩戴的智慧型手錶動輒上萬元，對於收入較高的家庭，這可能被視為基本必需品；但對於連一般手錶都買不起的低收入家庭來說，如果不小心損壞了同學的手錶，賠償可能會是沉重的負擔。

　　因此，老師應在開學初期提醒家長，並建立相關規範。如果老師發現此類情況，也請家長配合，務必重視處理，避免日後可能發生的棘手問題。

　　此外，老師應提醒學生，犯錯後要勇於承擔責任，

並給予他們彌補和寬容的機會，不要以責備的方式尋找錯誤者，而應鼓勵學生坦承錯誤，並一起討論解決方案（例如，用其他文具替代或賠償）。如果對方不追究，學生也應表達感謝，學習誠實與負責的正確態度。

學校在引導孩子學習規則與正確態度上，扮演著重要角色。老師可以透過同理心引導學生換位思考，例如：「光仁，如果你不想借就實話實說，你怕志文會生氣嗎？」然後詢問志文的真實感受。如果在前期能正確處理，後續根本不會出現紛爭。

最後，並非只有高價物品才需要賠償，任何借用的文具或物品都有可能損壞。因此，借用他人物品時，雙方都應有所準備：出借人應提醒對方，借用人則應謹慎使用，這樣雙方的責任和風險意識才會提高。

給家長的教養小叮嚀

法律上，父母是未成年子女的法定代理人，必須對孩子的行為負責。若孩子損害了他人物品，無論是故意還是過失，父母應該帶著孩子向對方道歉，並主動提出賠償。在人際互動中，這是最基本的尊重，切勿以「孩子還小、不懂事」為由，要求對方體諒。

雖然大多數人對孩子造成的小損失不會過於計較，但若父母要求對方一味體諒，而不讓孩子道歉或負責，這才是讓被害人最難釋懷的原因。

　　相互尊重、將心比心，是解決問題並維護和諧關係的關鍵。

法律小教室

在借用他人物品的時候，如果不小心損害了，依照法律需要負擔損害賠償的責任。

▶【法條1】民法 第184條第一項

因故意或過失，不法侵害他人之權利者，負損害賠償責任。故意以背於善良風俗之方法，加損害於他人者亦同。」

權利遭受損害的人，可以依民法第213條的規定，請行為人負責。

▶【法條2】民法 第213條

1. 負損害賠償責任者，除法律另有規定或契約另有訂定外，應回復他方損害發生前之原狀。
2. 因回復原狀而應給付金錢者，自損害發生時起，加給利息。
3. 第一項情形，債權人得請求支付回復原狀所必要之費用，以代回復原狀。

至於賠償的責任，可分成：回復原狀或是以金錢賠償。因此如果不能回復原狀，或回復原狀顯然有重大困難時，就可以直接請求賠償金錢。如果是絕版不能修復的機器人，就需賠償賠原價。

那麼光仁可不可以因為很難再買到絕版機器人，就要求志文要加倍賠償呢？根據民法的規

定，賠償是為了損失填補，所以被害人能請求賠償的部分，以「所受損害」為限，不能受損 2 萬元，卻要求 6 萬元的賠償。這是我國民法很重要的概念，避免被害人雙重得利。假使機器人真的是志文弄壞的，光仁也只能依據當時購買的價金請志文賠償。

▶【法條 3】民法 第 216 條第一項

損害賠償，除法律另有規定或契約另有訂定外，應以填補債權人所受損害及所失利益為限。

未成年人跟成人都有需要負擔的責任。

▶【法條 4】民法 第 13 條

1. 未滿七歲之未成年人，無行為能力。
2. 滿七歲以上之未成年人，有限制行為能力。

▶【法條 5】民法 第 187 條

1. 無行為能力人或限制行為能力人，不法侵害他人之權利者，以行為時有識別能力為限，與其法定代理人連帶負損害賠償責任。行為時無識別能力者，由其法定代理人負損害賠償責任。
2. 前項情形，法定代理人如其監督並未疏懈，或縱加以相當之監督，而仍不免發生損害者，不負賠償責任。
3. 如不能依前二項規定受損害賠償時，法院因被害人之聲

請，得斟酌行為人及其法定代理人與被害人之經濟狀況，令行為人或其法定代理人為全部或一部之損害賠償。

4. 前項規定，於其他之人，在無意識或精神錯亂中所為之行為致第三人受損害時，準用之。

　　另外若是 12 歲以上，依據「少年事件處理法」處置，相關規定如下。

▶【法條 6】少年事件處理法 第 29 條

1. 少年法院依少年調查官調查之結果，認為情節輕微，以不付審理為適當者，得為不付審理之裁定，並為下列處分：
   一、告誡。
   二、交付少年之法定代理人或現在保護少年之人嚴加管教。
   三、轉介福利、教養機構、醫療機構、執行過渡性教育措施或其他適當措施之處所為適當之輔導。

2. 前項處分，均交由少年調查官執行之。

3. 少年法院為第一項裁定前，得斟酌情形，經少年、少年之法定代理人及被害人之同意，轉介適當機關、機構、團體或個人進行修復，或使少年為下列各款事項：
   一、向被害人道歉。
   二、立悔過書。
   三、對被害人之損害負賠償責任。

4. 前項第三款之事項，少年之法定代理人應負連帶賠償之責任，並得為民事強制執行之名義。

　　所以光仁帶高價商品到校，家長需要加以要求與監督，否則以兒少而言，很難妥適使用這樣

的物品,受損的可能性不低,因此光仁父親也有監督失職的責任。

　　另外,若志文的家庭經濟情況不佳,在賠償時,法院會評估家庭經濟,賠償金額也可能因此減少。

最近因藝人長期性侵害、性騷擾兒少的社會事件引發關注。在搜索該藝人的電腦時，進一步發現他從特定網站購買大量兒少性影像，包括被偷拍或被誘拍的內容。許多被害人完全不知情，其中針對某高中社團的照片尤其令人震驚。活動照片和隱私照片被搭配在一起，受害者近百人，這些影像在會員區不斷以高價販售。

子卉得知這些新聞後，嚇得不敢外出。她不敢上網查看自己是否也成為受害者之一，因為她深知，終究有一天，她的祕密會被所有人知道，到時她就真的完全無法正常生活了。

一年前，班上同學紛紛開始經營自媒體，自拍影片並在社群軟體發布個人生活訊息。大家暗自較勁，比較人氣、粉絲和訂閱數。子卉也跟隨潮流，加入這場競賽。她發現只要上傳個人生活照，尤其是些稍微多露一點身體部位的照片，就會引來大量留言和追蹤。

子卉的網路人氣讓同學羨慕，她知道自己長相可愛，加上長期學習舞蹈，能擺出最吸睛的姿勢。這些影像讓子卉輕易獲得關注，更印證了她的高人氣。

然而，不幸的事情卻來得突然。子卉這才意識到，看

似人人都在做的網路行為，原來殺傷力如此之大。

　　當時子卉的社群軟體突然來了一位自稱「小喬」、頭像為大姐姐的粉絲。小喬不僅加了子卉為好友，還經常為子卉按讚、分享內容。

　　小喬總是讚美子卉的身段和身材，而且感覺是發自真心的。子卉之前也收過一些令人不快的留言，她都會私下到對方的社群軟體確認身分。一旦發現是怪人，她就會立即封鎖對方。子卉覺得自己的警覺性高、不容易上當。

　　關於小喬的身分，子卉當然也確認了。小喬使用公開帳號，也不是只有一、兩則貼文，限時動態看起來都很正常。她開始相信小喬應該就是欣賞她的普通粉絲姐姐。

　　某天，小喬突然進一步搭訕子卉。

　　小喬：嗨！我注意你很久了，你最近的照片越拍越好看，姿勢擺得好自然！

　　子卉：謝謝姐姐！

　　小喬：我是幫韓團挖掘新人的駐臺星探，我覺得你很有機會去韓國發展當練習生，不知道妹妹有興趣嗎？

　　子卉：我？我可以嗎？

小喬：我推薦了很多人去試鏡，你真的大有可為！

子卉：我⋯⋯我想一下！

　　子卉這時候想起新聞中許多詐騙和可怕的社會事件，這次對象該不會就是自己？她想想應該要拒絕，但是又擔心錯失未來成名的機會，臺灣還不是有人去韓國當練習生後大紅大紫？這時候的她，內心超級掙扎。

小喬：不勉強，我們是正常的演藝公司，不要誤會。

子卉：不是，我只是覺得太突然了。

小喬：機會稍縱即逝，不把握怎麼知道未來會怎樣？

子卉：你們有什麼公司的活動紀錄嗎？

　　小喬真的將公司活動紀錄的影片跟照片都提供給她，裡面也有練習生受訓的影像。其實子卉根本分不清真假，只單純覺得既然有影片和照片，應該就不會是假的。既然對方是正當公司，不如就試試看，如果有狀況就隨時喊停也還來得及。

小喬：如果想試試看，我先傳面試通知給你，我們再約時間。

子卉：好的。

整個過程看起來非常正式，子卉不疑有他，面試的日期訂在周日下午，當天爸媽回外婆家處理事情，所以家裡只剩子卉。她依照約定開視訊，但小喬的鏡頭一片黑，她居然說鏡頭壞掉了！但因為聽聲音確定是女生，所以子卉的擔憂也降低了許多。

小喬：你先自由擺一些 POSE，像 IG 上的就好，自然一點。

子卉把手機擺好，刻意做了很多姿勢，收到小喬大量的讚許。大約擺了幾十個 POSE 後，小喬提出了其他需求。

小喬：妹妹，你的姿態沒問題。但是練習生有個規定，是身上不能有疤和刺青，這是基本規定。

子卉：我都沒有。

小喬：因為練習生需要簽約，所以我們需要實際檢視，你可能要先讓我們確認一下。

子卉：怎麼確認？

小喬：脫掉衣服，讓我們看一下。

子卉：蛤？這樣不是很怪嗎？

小喬：怎麼會？你放心，我這裡都是女生，況且已經進入到最後階段，再一下下就好。

子卉：我覺得這樣不妥。

小橋：放心，姐姐不會傷害你，時間寶貴，只要確認，我們很快就可以安排韓國拜訪行程，確認練習生合約。

子卉想了一下，再次確認。

子卉：你那裡真的沒有男生？

小喬：當然沒有，我們是正常公司。

子卉：那只能一下下。

小喬：沒問題，我們趕緊確認這個部分就好。

子卉擔心地脫下衣服，小喬還要子卉擺出特定動作，

甚至要拍下體，才能確定大腿內側也都沒有任何狀況。這讓子卉很不舒服，越拍越害怕，大約幾分鐘後，一切終於結束。子卉用最快的速度，把衣服穿回去。

小喬：很好，等公司消息，很快就會進行簽約跟拜訪的行程。

子卉隔天發現，小喬不見了！原來的帳號根本找不到，子卉此時才知道大事不妙，她希望小喬只是帳號沒弄好，不是突然消失。幾天後，子卉在社群軟體上傳自己跳舞比賽的照片，突然一位噁男私訊她。

噁男：妹妹，你穿衣服跳舞真好看，但不穿衣服更養眼！我為了看你，特地加入家傳私房菜社團，花了 10 萬，真是值得！有機會出來見個面嗎？價錢可以談。

子卉這時候才知道，自己的 IG 影像、當天面試的照片，可能都被公布在他講的那個奇怪的社團。

子卉收到越來越多噁心的私訊，她覺得自己好像被扒

光衣服放在路上。她知道看見她身體的人肯定會越來越多，感覺路人都在特意盯著她看。小卉害怕、閃躲，然後開始拒學、希望自己消失在世界上。

　　事件發生後，她整天關在房間，有時恍神、有時大哭。晚上睡不著覺、白天不敢去上課，只要跟家人到人多的地方，她就覺得全世界的人都在看她。以前的她不是這樣，沒想到這件事，讓子卉幾乎要失去自己的人生。

　　直到有一天，她看見某藝人被投訴後，許多跟她一樣遭遇的女生站出來控訴，好多人站在旁邊支持她們。子卉告訴自己，一定要勇敢面對，說出真相。

不縱容加害人，
也不看加害影像

　　兒少性影像的傷害在今日對兒少的影響越來越猛烈。被偷拍、被誘拍或因無知而自拍的青少年，通常在私密照被公布後才驚覺不妙，隨之而來的是各種騷擾和傷害。但他們往往不敢告訴家長，一方面擔心被責備；一方面更害怕對方報復，因此選擇隱忍。然而，這樣的沉默卻縱容了加害人，使其魔掌恣意伸向其他無辜的青少年。

• 拍的人跟看的人都是壞人

　　法院曾處理過一件驚悚案件：臺大醫學院女廁沖水馬桶的按鈕下長期被偷裝攝影機。若非打掃清潔人員細心機警，報警後逮捕犯人，這起案件可能難以偵破。經調查發現，該加害人不僅在多所學校、百貨公司女廁內裝設攝影機，更將影片販售至網路特定社團，賺取高額利潤。

　　儘管加害人辯稱是偶發行為，並非故意，但法院發現整個犯案過程：從勘查地形、準備器材到測試，都是

經過長期規劃和預謀，惡性極高。更嚴重的是，大多數被害人都不知情，因此，法院加重了他的刑期。這種為了獲取不當利益，不擇手段詐取兒少私密影像的行為，非常惡劣。

各位男性，你會希望自己的姊妹、母親、未來伴侶或女兒的私密照，被不肖之徒欣賞嗎？如果你想保護自己的家人，從今天開始，請提醒自己：不看、不拍、不在網路上花錢加入會員，以免助長這些不法分子繼續傷害無辜的人。

記住，只要沒有人觀看，拍再多也沒用。但如果大家都去看，最終受害的可能就是我們的親人。

女性更需要謹慎，一旦發現自己被騙取私密照，請立即報警。臺灣相關法律修訂後已加重處罰力度，別讓壞人繼續傷害他人，要勇敢面對。請記住，這不是你的錯，法律絕對會保護你。

💡 給老師的管教小提醒

近來兒少性影像事件頻傳，甚至連國小學生都開始出現讓家長與老師驚訝的行為，相關危機的宣導實在已刻不容緩。

學生生活中，只要聽到或看見同學在分享、討論相關事件，老師務必正視、覺察並處置，依規定進行輔導管教。學生會有此類行為，多源於好奇心和對後果及責任認知不足，一旦了解在網路上上傳他人私密影像的傷害，相信沒有人會願意成為受害者。

當學童在校園出現以下行為時，都可能是性剝削危機的開端，需要特別留意：

1. 自拍脫褲子影片，以為搞笑。

2. 評論某同學發育情況，表示想觸摸。

3. 傳遞特定身材照片，同學間以此開玩笑。

遇到這些情況，務必通知家長。若學校遭遇學生性剝削事件，必須依規定進行校安通報，同時下架相關影片和照片。

💬 給家長的教養小叮嚀

家長務必教育孩子如何正確使用網路和 3C 產品，現今兒少許多危機都與過度使用網路有關。當孩子在網路遊戲中認識特定玩家，對方不斷搭訕，或是透過交友軟體結識網友時，家長需要提醒孩子：網路上交友並非壞事，但自我保護必須優先，確保交友安全才能無虞。

孩子應該要知道的網路安全準則

以下是幾點重要的網路安全準則：

1. 個資保護：切勿隨意向網友透露個人年齡、居住城市、性別和住所等資訊。有些孩子習慣每天上傳在家中拍的影片，不知不覺暴露居家環境和個人隱私。

2. 設定界線：當發現網友不斷侵犯界線時（如詢問金錢交易、身體交易和貞操等敏感話題），應立即斥責並警告對方，表明會截圖處置。切勿跟隨起舞或漠視輕忽，因為對方正在試探底線，一有機會可能就會傷害你。

3. 不要露出可識別的特徵：未滿 18 歲的青少年經營個人頻道或直播時，應盡量避免露出可辨識的臉部及身體特徵，這樣可以防止被肉搜標記，進而遭受傷害。私密影像販賣社團的慣用手法是先偷拍，再肉搜個人社群帳號的生活照，最後打包公布。他們先展示生活照，再收費提供私密照，藉此吸引特定人士的好奇心。高價獲利的同時，受害者卻遭受巨大傷害。

4. 警惕莫名的關心與好處：網路上某些人士常用關心、情感或物質來接近青少年，切勿誤以為好運降臨，這往往是天上掉「穢物」，而不是禮物。

法律小教室

　　持有兒少性影像，無論是否公開散布，都是
違法的。因此在網路上加入會員、下載影片、照
片到自己硬碟，都是犯罪行為。

▶【法條】兒少性剝削條例 第 39 條

1. 無正當理由支付對價而持有兒童或少年之性影像，處一年
   以上七年以下有期徒刑，得併科新臺幣十萬元以上一百萬
   元以下罰金。

2. 無正當理由持有兒童或少年之性影像，處三年以下有期徒
   刑、拘役，得併科新臺幣六萬元以上六十萬元以下罰金。

3. 無正當理由持有兒童或少年與性相關而客觀上足以引起性
   慾或羞恥之圖畫、語音或其他物品，第一次被查獲者，處
   新臺幣一萬元以上十萬元以下罰鍰，並得令其接受二小時
   以上十小時以下之輔導教育，其附著物、圖畫及物品不問
   屬於持有人與否，沒入之。

4. 無正當理由持有兒童或少年與性相關而客觀上足以引起性
   慾或羞恥之圖畫、語音或其他物品第二次以上被查獲者，
   處新臺幣二萬元以上二十萬元以下罰金。

5. 查獲之第一項、第二項及第四項之附著物、圖畫及物品，
   不問屬於犯罪行為人與否，沒收之。

19 聽說只要吃荷爾蒙藥物，我就可以變性！

279

大考結束後，爸媽終於停止管制偉宸的網路和手機，偉宸可以恣意地打遊戲、看影片、加社團及建立個人社群，他終於明白為何班上有些同學會因為玩手機整晚不睡覺。透過網路，他了解了許多以前不清楚的事情，發現網路世界如此多元與繽紛，因此花了更多時間探索。

　　偉宸第一次接觸到「跨性別社團」時感到非常驚訝，他開始了解許多跨性別人士需要經歷的覺醒和自我覺察過程，以及相關的特殊知識和觀點。不斷爬文後，偉宸開始反思自己是否也有同志特質卻不自知。

　　於是，偉宸加入了跨性別社團，和社員聊天討論後，他又加入更多群組。在特定群組內，發言可以更直接，甚至無所不談。他覺得應該可以慢慢探索，於是勇敢的提問。

　　偉宸：我是小白，不知該如何出櫃？
　　YY：很簡單，我可以幫你。

　　於是兩人開始私訊，YY與偉宸談了很多自己的經驗，也解開很多偉宸的疑慮。

　　偉宸對同志的生活圈和交友等問題更加瞭解，也開始

做性別發展的探索，希望能確信自己的性向。

家裡多了一個女兒？

　　慢慢地，偉宸在髮型和服飾上開始展現與以往不同的風格。上高中後，由於學校沒有髮禁，他發現許多男同學開始蓄長髮、燙髮和戴耳環。他也跟著嘗試，為了讓自己趨於中性，服飾也變得更加中性化。

　　「剛剛我從背影看，還以為我們家多了一位女兒！」爸爸半開玩笑地說。

　　聽到父親的話，偉宸其實很開心，覺得自己長期努力塑造的形象終於有了成果。

　　「男生這樣打扮不好啦！弟弟，這些衣服以後少穿！」爸爸接下來的話卻又給偉宸潑了一盆冷水。

　　偉宸心裡很不是滋味。

　　「爸爸你不要這樣說，現在是什麼時代了？我們孩子只是在青春期有不同的探索和個人形象，不要說得太誇張，這樣對孩子不好。」媽媽立即為偉宸緩解父子間看似即將爆發的衝突，她一直很疼愛偉宸。

　　「我想做自己！」偉宸突然脫口而出。

「大家都在做自己，你以為爸爸在做別人嗎？只是要你像個人樣而已。男生就是男生，不要留長髮、走路搖搖擺擺，還扭腰擺臀，讓人誤會不是很尷尬嗎？」爸爸進一步表達他的擔憂。

偉宸正想趁機跟父親辯論，分享自己這段時間的心得，媽媽卻突然打斷了他們的對話。

「別再糾結這些無聊的話題了，就跟過去一樣就好。你們父子能不能不要這樣，爭辯一些莫名其妙的事？」媽媽把偉宸拉進房間。

「你爸爸比較保守，別理他。不過最近媽媽也注意到你的變化。好奇是沒關係的，但功課要顧好。至於打扮方式，很多人想要走藝術家風格，所以留長髮、戴耳環，但在我們家，這些還是等大學再說吧！不然叔叔、爺爺看見也會唸。現在高中要專心念書，要把心思放在正確的地方。」

媽媽的話再度讓偉宸感到失落。他覺得，自稱愛他的父母，根本不願意聽他的心聲。

偉宸沒有放棄，持續朝自己的規劃前進。他開始在網上購買女裝，並在房間試穿。試穿後，他發現自己的身體輪廓太剛硬，即使持續減重，肩線依然太寬，小腿和手上

的毛髮也不符合他心中的理想形象。

　　偉宸私訊詢問 YY，才知道這些都需要用特殊方法解決。YY 告訴偉宸，除了瘦身減少男性特徵外，還可以用美容除毛膏。同時，服用特定藥物可以減少身上毛髮，改變身形。

　　YY 還提醒，如果仍不滿意，成年後可以一起去國外進行手術。現在幾乎每隔一段時間都會有同好一起去，這樣就能擁有更接近理想的身材。

　　這些訊息讓偉宸感到被支持，也有了明確的目標。

媽媽你不要管我！

　　於是，YY 開始寄藥給偉宸。然而，偉宸私下服藥的事情最終還是被媽媽發現了。

　　媽媽在洗衣機裡發現了偉宸放在夾鏈袋的荷爾蒙藥丸。她上網查詢後，決定在偉宸放學時與他攤牌。

　　「偉宸，你過來，媽有事要問你！」媽媽語氣嚴肅，這很少見。相較於爸爸，媽媽一向比較寵偉宸。

　　偉宸慢慢走過去，坐在客廳的沙發上。媽媽把藥拿來，放在茶几上。

「這是什麼？」媽媽面無表情地問。

「我的藥。」偉宸低頭小聲回應，不敢看媽媽。

「什麼藥。」媽媽的態度越發嚴厲。

「發育的藥。」偉宸繼續撒謊。

「哪裡來的？」媽媽追問。

「朋友給的。」偉宸只能如實回答。

「什麼朋友？」媽媽直視著偉宸，「你知道這是女性荷爾蒙嗎？你不能吃。」媽媽急切地說。

「媽媽，請你理解我。我真的不想當男生，我很確定。我想回歸女性身分，所以要先控制身體的變化，這些藥可以幫助我。拜託，如果你愛我，就請讓我做真實的自己好嗎？」偉宸真誠地表達自己的想法，希望得到媽媽的理解。

「你還在發育成長，未來人生的路還很長。性別的問題可以晚一點再討論和決定，但絕不能現在就吃藥。」媽媽堅決地說。

「媽媽，我已經晚別人一步了，其他人早就在控制了。你可以不要管我嗎？你不懂！」偉宸站起來跑進房間，獨留媽媽一人在客廳流下眼淚。

「該怎麼辦才好？我好怕孩子出問題！」媽媽在心中無聲吶喊著。

吉官告訴你

性別認同
需要與家人多溝通

　　過去大家對同志避之唯恐不及，讓很多在性別上需要被重新認知的同志，受到很多的壓抑和傷害，這樣對他們的人權確實不公平。然而在今日，同志已經可以合法結婚，和過往完全不同。因為這樣，各種性別的認同都受到尊重，不會有異樣眼光，讓大家可以做自己。然而也因為這樣，很多青少年會提早接觸相關多元的言論及討論。

• 性別沒有所謂的典型

　　確信自己是否為跨性別，到底是越早越好還是要成年才好？

　　其實男生、女生本來就沒有所謂的典型。例如身體外觀，不是所有男生都是毛髮濃密，也有許多女生有濃密的毛髮。相對地，也不是女生就一定婀娜多姿，世界上也有很多帥氣的女生，肢體動作不輸男性。

至於特質和內心也是如此，許多男孩貼心程度更勝女生，而粗枝大葉的女生也不在少數。所以青少年不要用身體外觀斷定自己的性別取向，我們可以用一些專業的標準來了解，性別的屬性有以下幾個不同層次：

　　1. 生理性別：出生時就決定好的性徵，無法改變，除非進行變性手術。

　　2. 性別認同：指自己對性別的認同。譬如有少數男性雖然身為男兒身，有性器官、性特徵，可是卻打從心底覺得自己「應該」是女生，進而有想成為女性的強烈慾望，長大後可能穿女裝或想存錢進行變性手術。

　　3. 性別角色：指個人表現出來的性別特質。譬如有些男性的氣質或舉止看起來較女性化，但他其實喜歡女生，也認同自己是男生，只是性別角色比較陰柔。

　　4. 性傾向：即指對於哪類性別的人會產生性衝動。如果喜歡同性別的人（如：男生愛男生、女生愛女生），即為「同性戀者」；反之，則屬異性戀。另外，同性戀者並不一定有「性別認同」問題，例如有人身為男同性戀、喜歡男生，但不覺得自己身為男兒身有什麼不妥，也不會有想變成女生的慾望。

• 生物學觀點

　　以生物學觀點來說，每個人的性別是由基因決定。精子和卵子結合後，產生的性別荷爾蒙、性腺和染色體，會決定胎兒未來是男生還是女生。但是，胚胎在一開始形成時都是陰性，要到第 6 周才會出現關鍵性變化，原本為男性的胚胎此時才會開始分泌男性荷爾蒙、發展性器官；若原本為女性，則不會轉向，會以女性的性別繼續生長。

• 心理學觀點

　　而以心理學觀點來說，則會關注到所謂的「性心理發展」，這個理論是佛洛伊德提出的，他將人格發展分成五階段（如下）。葉金源心理師指出，一般在「性器期」階段較會出現性別認同的問題，但這不代表以後都會持續有這個問題。因此心理師在接觸有性別認同障礙的病人時，多半會回溯其小時候的相關經驗。

階段 1　口腔期：出生到 1 歲半，此階段嬰兒藉由吸吮、咀嚼來獲得口腔和心理上的滿足。

階段 2　肛門期：1 歲半～ 2 歲，嬰幼兒初期無法控制自

己的大小便，藉由囤積糞便或排泄達到刺激肛門的快樂。

階段 3　性器期：3～6歲開始對自己的身體產生興趣與好奇，會接觸、撫摸自己的性器官。男寶寶基於閹割恐懼，會依戀女性，出現戀母情結；女寶寶則會羨慕爸爸的性器官，產生戀父情結。

階段 4　潛伏期：6～12歲對性感到好奇，與同性的同輩朋友發展親密的友誼，能了解性別概念。

階段 5　生殖期：12歲以後生理特徵逐漸發展以臻成熟，男女皆會學習與異性發展親密關係，由友誼演變成愛情。

• 社會學理論

不過，如果是以社會學理論來討論性別，「性別角色可經由後天塑造而成」的觀點則最被接受。「社會學習論」認為整個社會結構面受文化、環境影響，會形成當代、當地特殊的社會文化模式，進一步形塑家庭教養孩子的方式。譬如父系社會中，由於男性是家庭主要支柱與經濟來源，所以父母往往從小就教養男生要勇敢、有擔當；相反地，會要求女孩要溫柔、做家事。

所以同性戀究竟是天生還是後天的，其實很多不同說法。但是後天環境造成是許多人的想法，所以還在成長過程中的青少年，建議不要太早認定，多探索觀察，也許成年後，當環境不同、心態不同，可能會有不同的想法。

　　如果你覺得自己是同志，也請和家人好好溝通，畢竟父母親在你出生時，對於性別有他們的認定，有時候他們不是反對，而是擔心你錯誤認知。如果能獲得父母親的祝福和認同，相信同志朋友能更有自信，也可以更增幸福感。

　　跨性別者用藥可以經過精神科診斷後取得，但也有很多人會透過私下管道購買。多數跨性別者的用藥經驗，幾乎都是從私下用藥開始，許多人大量參考網路社群上其他跨性別者的用藥經驗，來控制自己的服藥量。

　　其實像荷爾蒙藥物需要醫生協助控制劑量，如果未經醫生協助控制體內的荷爾蒙濃度，長期自行用藥，的確可能會影響身體健康。

📱 給家長的教養小叮嚀

　　同性戀在校園裡已不是禁忌話題，但是許多家長不願意學校倡議或鼓勵，擔心讓孩子在心智未成熟時，提早用網路自我探索，在未經過醫生的評估與親子討論下，自行確認個人的性別取向。

　　其實性別教育議題是需要面對學習的，只是採取的方式會根據年齡與個人特質而不同。家長都需要在孩子第二性徵發展階段時，幫助青少年釐清性別發展的相關知識。若有跨性別認同議題，請支持孩子進一步探索，尋求正確協助。由家長陪伴孩子，面對性別認同議題，逃避只會讓孩子自己找出路，反而容易受多元意見的影響，某些不盡然正確的訊息，將傷害孩子的發展。

佩雯最近放學都不想回家，也害怕回家。昨晚又發生了可怕的事，她不知道如何向媽媽傾訴，既擔心媽媽生氣，又害怕媽媽認為她說謊。

自從爸爸五年前過世後，媽媽為了全心照顧佩雯，一直沒有再談戀愛。直到遇見擔任外送員的張叔叔，兩人因一次面交而結識。張叔叔每次送貨到附近，都會順道買飲料給她們。休假時，他還會帶佩雯和媽媽出去玩。

張叔叔比媽媽年輕，對她們母女倆都很好。當媽媽詢問佩雯對他們結婚的看法時，正在念國中的佩雯也表示贊同。她認為自己長大後也會嫁人，媽媽當然能追求自己的幸福。如果那個人是張叔叔，她覺得媽媽應該會很快樂。

然而，婚後的張叔叔卻判若兩人。他除了上班，幾乎不出門，也不再陪她們出去玩。媽媽因工作需要輪班，當她值大夜班時，家裡就只剩下佩雯和張叔叔。

張叔叔下班後只顧看電視和喝酒，在家總是只穿著一條內褲。對於已經上國中的佩雯來說，這讓她感到非常尷尬。但她不知該如何應對，只能假裝不在意，繼續過自己的生活。

叔叔，拜託你不要這樣！

有一次，佩雯因留校訂正作業較晚回家，進門後，她看見張叔叔醉醺醺地坐在客廳，眼睛泛著血絲。叔叔看著佩雯的眼神令人很不舒服，佩雯打了聲招呼便去洗澡。

不料，當佩雯在客廳用吹風機吹頭髮時，張叔叔突然貼近她，用奇怪的語氣說：「小女生就是香，老女人根本比不上啊！」張叔叔大聲說著，似乎怕吹風機聲音蓋過他的聲音，他的鼻子不斷靠近佩雯的頭髮。

佩雯趕緊往旁邊閃躲，繼續吹頭髮，假裝沒注意到，但更可怕的事情發生了。

張叔叔用力摟住佩雯，將身體貼在她身上。他全身散發著酒氣，嚇得佩雯不知所措。

「張叔叔！你喝醉了，不要這樣！」佩雯用力推開張叔叔，跑進房間並反鎖房門。

在房間裡，佩雯聽到張叔叔似乎在試圖開門，嚇得她幾乎要哭出來。過了一會兒，張叔叔好像躺在客廳沙發上睡著了，佩雯才稍稍放心，勉強入睡。

早上上學前，媽媽已經回到家了。佩雯本想訴說昨晚的事，但當她看見張叔叔為媽媽準備早餐，兩人親暱地共

進早餐的模樣，話到嘴邊又吞了回去。她擔心若說出實情，可能會讓媽媽傷心，並且激怒張叔叔。於是，她選擇假裝沒發生過這件事。

從那天起，每逢媽媽值大夜班，佩雯都故意在外逗留到很晚才回家；一回到家就直接跑進房間，反鎖房門。她察覺到張叔叔總是盯著她看，她不斷躲避，卻擔心終有躲不掉的一天。

某個晚上，佩雯剛入睡不久，隱約感覺有人在脫她的衣服，撫摸她的身體。她下意識推開對方的手，但對方變本加厲。佩雯睜開眼睛，發現是張叔叔。他開始對她使用暴力，企圖脫掉她的衣服。

佩雯不斷尖叫，雙腳亂踢，終於把張叔叔踢傷，張叔叔這才不情願地離開。佩雯事後才意識到，張叔叔是用備用鑰匙打開房門的。

那晚，佩雯整夜不敢入睡，一直蹲在房門口直到天亮。她下定決心，第二天一定要告訴媽媽，因為她害怕自己早晚會遭到更嚴重的傷害。

第二天，媽媽下班時，佩雯正準備開口訴說一切，但媽媽卻嚴肅地質問她：

「佩雯，你已經是國中生了，要懂得男女界線。不要故意穿得很少在男生面前賣弄，這樣會讓人瞧不起。」

「你說什麼？」佩雯不解地問。

「你現在已經發育了，不是小朋友。不穿內衣，只穿小短褲，家裡還有叔叔，會讓人以為你是在賣的。」媽媽直言不諱。

「媽，是不是張叔叔亂說？不是這樣，是他欺負我！他在說謊，惡人先告狀！他才是壞人！」媽媽怎麼會這樣說話？佩雯急忙澄清。

「你整晚和男同學上網聊天，還故意勾引張叔叔，別以為我不知道！」媽媽的話讓佩雯幾乎哭出來。

「我沒有，我只是和同學討論遊戲。你被騙了，居然不相信自己的女兒，反而相信這個後來才認識的怪咖！我討厭媽媽！」佩雯激動地大喊。

沒想到媽媽突然一巴掌打在佩雯臉上。

「你學會說謊，還想誣賴別人。幸好張叔叔提醒我，不然我真的會被你騙！」

佩雯滿臉淚水，覺得非常難過。媽媽不相信她，只信任張叔叔。更糟的是，如果張叔叔變本加厲，她該怎麼辦？

佩雯哭著去學校，一路上思考著如何讓媽媽明白真相，但想到今晚媽媽又要值晚班，就不知道該怎麼辦。

放學後，佩雯不想回家，在外閒逛。突然，她看到「少年輔導委員會」的看板。她想起上次少年警察和社工來學校進行法治宣導，介紹過他們的輔導工作。

佩雯決定走進少輔會求助，在社工的聆聽和安慰下，她說出了所有遭遇。社工不僅相信了她，並幫忙通報社會局，少年警察隊和婦幼警察隊也介入調查。

最終，媽媽知道自己錯怪了佩雯，決定與張叔叔離婚。媽媽向佩雯道歉，佩雯也表示理解張叔叔對媽媽的重要性。她告訴媽媽，未來只要是真心愛媽媽的人，她都會接受。

媽媽深感後悔，佩雯終於又能回到溫暖的家。

吉官告訴你

受害者務必尋求專業的協助

　　吉官在處理青少年觸法事件時,最棘手的案件往往發生在家庭內部。其中,長輩對晚輩或孩子的性侵案例尤其令人震驚,對受害者造成巨大傷害。此外,同輩間(如哥哥和表哥等)的侵犯行為也同樣難以處理。

　　這類事件的困難之處在於:

　　1. 缺乏人證和監視器等實質證據。

　　2. 再犯風險高。

　　3. 家庭成員往往難以接受事實,尤其當加害人是至親時。

•受害者務必求救、自救

　　在這種情況下,受害者的處境最為艱難:年幼者可能無法辨識自己遭受性侵,長期遭受傷害,直到長大或出現嚴重後果才被發現,這種侵犯行為對孩子造成的心理創傷恐會影響終生。

因此，如果青少年和兒童懷疑自己受到傷害，務必及早求助，記住當時情況，盡量保存證據。例如私下預備手機錄音及錄影，再告訴家長。如果家長不相信，請馬上跟老師報告，甚或是社工、線上張老師都可以。千萬別害怕會傷害到家人，因為事實是家人正在傷害你，對方犯下罪行才應該受到制裁，而不應該任由你被傷害。不是你讓他受處罰，是他要為自己的行為負責。

　　在家裡犯罪，一樣是犯罪，跟公眾場合一樣是不被允許的，所以勇敢求助非常重要。

　　另外，本案中的少年輔導委員會，是一個服務青少年的機構，機構內有很多非常有愛心又厲害的社工大姐姐和大哥哥。她們了解青少年，也幫助過很多需要幫助的青少年。她們都接受過專業訓練，具備出色的輔導技巧和法律知識。

　　現在你已經知道少輔會的工作職責，往後如果遇到問題，可以更放心地求助。

給老師的管教小提醒

　　學生在家裡受到不當對待，後續在學校會呈現出特定的情況或表現，例如遭家暴的孩子，外觀會有傷口；

遭性侵的孩子，會出現退縮及自殘的行為，並且非常排斥特定的身體互動。因此當學生在校有哭泣、作業缺交、恍神、擔心、畏懼和退縮等行為，請老師務必瞭解原因，引導學生求助。

倘若發現法定通報事件，務必進行通報，不要讓孩子持續受害，而且第一線的教育人員發現該事件的可能性很高，老師的辨識力和後續處置，都能讓孩子避免繼續受傷。

這些特殊事件務必留意，包含：性平通報、家暴通報、兒少社政通報，校安通報等，都需要依規定完成。以下是提供給老師的相關法規。

▶【法條1】性別平等教育法 第22條

1. 學校校長、教師、職員或工友知悉服務學校發生疑似校園性別事件，應立即通報學校防治規定所定學校權責人員，並由學校權責人員依下列規定辦理，至遲不得超過二十四小時：
一、向學校主管機關通報。
二、依性侵害犯罪防治法、兒童及少年福利與權益保障法、身心障礙者權益保障法及其他相關法律規定向當地直轄市、縣（市）社政主管機關通報。
2. 學校校長、教師、職員或工友不得偽造、變造、湮滅或隱匿他人所犯校園性別事件之證據。
3. 學校或主管機關處理校園性別事件，應將該事件交由所設之性別平等教育委員會調查處理，任何人不得另設調查機制，違反者其

調查無效。

什麼是家暴？根據家庭暴力防治法第 2 條，家暴的用詞定義如下：

▶【法條 2】家庭暴力防治法 第 2 條

本法用詞定義如下：

一、家庭暴力：指家庭成員間實施身體、精神或經濟上之騷擾、控制、脅迫或其他不法侵害之行為。

二、家庭暴力罪：指家庭成員間故意實施家庭暴力行為而成立其他法律所規定之犯罪。

三、目睹家庭暴力：指看見或直接聽聞家庭暴力。

四、騷擾：指任何打擾、警告、嘲弄或辱罵他人之言語、動作或製造使人心生畏怖情境之行為。

五、跟蹤：指任何以人員、車輛、工具、設備、電子通訊或其他方法持續性監視、跟迫或掌控他人行蹤及活動之行為。

六、加害人處遇計劃：指對於加害人實施之認知教育輔導、親職教育輔導、心理輔導、精神治療、戒癮治療或其他輔導、治療。

依照家暴法，老師必須在發現家暴情事後，按照規定於 24 小時內通報。

▶【法條 3】家庭暴力防治法 第 50 條

1. 醫事人員、社會工作人員、教育人員、教保服務人員、保育人員、警察人員、移民業務人員及其他執行家庭暴力防治人員，於執行職務時知有疑似家庭暴力情事，應立即通報當地直轄市、縣（市）主管機關，至遲不得逾二十四小時。

2. 前項通報之方式及內容，由中央主管機關定之；通報人之身分資

料，應予保密。

3. 直轄市、縣（市）主管機關接獲通報後，應即行處理，並評估被害人需求、有無兒童及少年目睹家庭暴力之情事；必要時得自行或委託其他機關（構）、團體進行訪視、調查，並提供適當處置。

4. 直轄市、縣（市）主管機關或受其委託之機關（構）或團體進行訪視、調查時，得請求警察機關、醫療（事）機構、學校、教保服務機構、公寓大廈管理委員會或其他相關機關（構）協助，被請求者應予配合。

　　校安通報的法源則在「校園安全及災害事件通報作業要點」中詳列。當學生遭受性侵害、性騷擾或性霸凌事件時，也必須按照規定通報。

▶【法條4】校園安全及災害事件通報作業要點 第1點

教育部（以下簡稱本部）為督導各主管教育行政機關、各級學校、非學校型態實驗教育團體、機構及教保服務機構（以下併稱各機關學校），儘速掌握校園安全及災害情事，依下列法律與其相關法規及本要點規定進行通報，以彙整、分析各級學校及教保服務機構校園安全及災害通報事件（以下簡稱校安通報事件），並提供必要協助，減少危害安全事件發生，有效維護校園及學生、幼兒（以下併稱學生）安全，特訂定本要點：

（一）兒童及少年福利與權益保障法。

（二）性別平等教育法。

（三）性侵害犯罪防治法。

（四）兒童及少年性剝削防制條例。

（五）幼兒教育及照顧法。

（六）家庭暴力防治法。

（七）教育基本法。

（八）身心障礙者權益保障法。

（九）傳染病防治法。

（十）災害防救法。

（十一）食品安全衛生管理法。

（十二）職業安全衛生法。

（十三）自殺防治法。

（十四）高級中等以下教育階段非學校型態實驗教育實施條例。

（十五）教保服務人員條例。

💬 給家長的教養小叮嚀

家內性侵常在主要照顧者疏忽或難以周全照顧時發生。由於加害者多為親人，舉證困難，也令人難以置信。許多家長意識到自己的疏忽導致孩子受害後，往往深感自責。

被傷害的孩子面對成年人和長輩的權勢壓力，幾乎無法求助。若主要照顧者再度輕忽危機，將使孩子在本應最安全的家庭中遭受更深的二次傷害，日後可能造成嚴重的身心創傷。

這種情況確實可能導致家庭破裂。孩子並未犯錯，錯在大人，但孩子卻要承擔後果。因此，在重組家庭或新成員加入時，同住者的互動變得密切，更不能忽視對孩子的適當照顧和保護。這並非對特定人不信任，而是為了防範可能發生的悲劇。

國家圖書館出版品預行編目資料

只是開玩笑，竟然變被告 4：為什麼是我的錯？
吉靜如 文 .-- 初版 . -- 臺北市：三采文化, 2025.2
　面；　公分
ISBN 978-626-358-590-4（平裝）

1.CST: 法律教育 2.CST: 教育輔導

580.3　　　　　　　　　　　　　113019490

suncolor
三采文化

三采少年館 4

只是開玩笑，竟然變被告❹
為什麼是我的錯？

作者｜吉靜如　插畫｜茜Cian
兒編部總編輯｜蔡依如　責任編輯｜林宛妤　文字編輯｜杜雅婷
美術主編｜藍秀婷　內頁版型與封面設計｜謝孃瑩　美術編輯｜曾瓊慧
行銷統籌｜吳僑紜

發行人｜張輝明　總編輯長｜曾雅青
發行所｜三采文化股份有限公司　地址｜台北市內湖區瑞光路 513 巷 33 號 8 樓
傳訊｜TEL：8797-1234　FAX：8797-1688　網址｜www.suncolor.com.tw
郵政劃撥｜帳號：14319060　戶名：三采文化股份有限公司
本版發行｜2025 年 2 月 7 日　定價｜NT$380

suncolor

suncolor